中华文化风采录

杨宏伟 编著

玉器
晶莹的
【昔日瑰宝工艺】

北方妇女儿童出版社
·长春·

版权所有 侵权必究

图书在版编目(CIP)数据

晶莹的玉器 / 杨宏伟编著. —长春：北方妇女儿童出版社，2017.5（2022.8重印）

（昔日瑰宝工艺）

ISBN 978-7-5585-1043-4

Ⅰ.①晶… Ⅱ.①杨… Ⅲ.①古玉器－介绍－中国 Ⅳ.①K876.8

中国版本图书馆CIP数据核字(2017)第103435号

晶莹的玉器
JINGYING DE YUQI

出 版 人	师晓晖
责任编辑	吴 桐
开 本	700mm×1000mm 1/16
印 张	6
字 数	85千字
版 次	2017年5月第1版
印 次	2022年8月第3次印刷
印 刷	永清县晔盛亚胶印有限公司
出 版	北方妇女儿童出版社
发 行	北方妇女儿童出版社
地 址	长春市福祉大路5788号
电 话	总编办：0431-81629600
定 价	36.00元

序言

习近平总书记说："提高国家文化软实力，要努力展示中华文化独特魅力。在5000多年文明发展进程中，中华民族创造了博大精深的灿烂文化，要使中华民族最基本的文化基因与当代文化相适应、与现代社会相协调，以人们喜闻乐见、具有广泛参与性的方式推广开来，把跨越时空、超越国度、富有永恒魅力、具有当代价值的文化精神弘扬起来，把继承传统优秀文化又弘扬时代精神、立足本国又面向世界的当代中国文化创新成果传播出去。"

为此，党和政府十分重视优秀的先进的文化建设，特别是随着经济的腾飞，提出了中华文化伟大复兴的号召。当然，要实现中华文化伟大复兴，首先要站在传统文化前沿，薪火相传，一脉相承，弘扬和发展5000多年来优秀的、光明的、先进的、科学的、文明的和自豪的文化，融合古今中外一切文化精华，构建具有中国特色的现代民族文化，向世界和未来展示中华民族具有独特魅力的文化风采。

中华文化就是中华民族及其祖先所创造的、为中华民族世世代代所继承发展的、具有鲜明民族特色而内涵博大精深的优良传统文化，历史十分悠久，流传非常广泛，在世界上拥有巨大的影响力，是世界上唯一绵延不绝而从没中断的古老文化，并始终充满了生机与活力。

浩浩历史长河，熊熊文明薪火，中华文化源远流长，滚滚黄河、滔滔长江是最直接的源头，这两大文化浪涛经过千百年冲刷洗礼和不断交流、融合以及沉淀，最终形成了求同存异、兼收并蓄的辉煌灿烂的中华文明。

中华文化曾是东方文化的摇篮，也是推动整个世界始终发展的动力。早在500年前，中华文化催生了欧洲文艺复兴运动和地理大发现。在200年前，中华文化推动了欧洲启蒙运动和现代思想。中国四大发明先后传到西方，对于促进西方工业社会形成和发展曾起到了重要作用。中国文化最具博大性和包容性，所以世界各国都已经掀起中国文化热。

中华文化的力量，已经深深熔铸到我们的生命力、创造力和凝聚力中，是我们民族的基因。中华民族的精神，也已深深根植于绵延数千年的优秀文化传统之中，是我们的精神家园。但是，当我们为中华文化而自豪时，也要正视其在近代衰微的历史。相对于5000年的灿烂文化来说，这仅仅是短暂的低潮，是喷薄前的力量积聚。

中国文化博大精深，是中华各族人民5000多年来创造、传承下来的物质文明和精神文明的总和，其内容包罗万象，浩若星汉，具有很强的文化纵深感，蕴含丰富的宝藏。传承和弘扬优秀民族文化传统，保护民族文化遗产，已经受到社会各界重视。这不但对中华民族复兴大业具有深远意义，而且对人类文化多样性保护也是重要贡献。

特别是我国经过伟大的改革开放，已经开始崛起与复兴。但文化是立国之根，大国崛起最终体现在文化的繁荣发展上。特别是当今我国走大国和平崛起之路的过程，必然也是我国文化实现伟大复兴的过程。随着中国文化的软实力增强，能够有力加快我们融入世界的步伐，推动我们为人类进步做出更大贡献。

为此，在有关部门和专家指导下，我们搜集、整理了大量古今资料和最新研究成果，特别编撰了本套图书。主要包括传统建筑艺术、千秋圣殿奇观、历来古景风采、古老历史遗产、昔日瑰宝工艺、绝美自然风景、丰富民俗文化、美好生活品质、国粹书画魅力、浩瀚经典宝库等，充分显示了中华民族厚重的文化底蕴和强大的民族凝聚力，具有极强的系统性、广博性和规模性。

本套图书全景展现，包罗万象；故事讲述，语言通俗；图文并茂，形象直观；古风古雅，格调温馨，具有很强的可读性、欣赏性和知识性，能够让广大读者全面触摸和感受中国文化的内涵与魅力，增强民族自尊心和文化自豪感，并能很好地继承和弘扬中国文化，创造未来中国特色的先进民族文化，引领中华民族走向伟大复兴，在未来世界的舞台上，在中华复兴的绚丽之梦里，展现出龙飞凤舞的独特魅力。

目 录

玉之起源——新石器时期玉文化

黄河流域新石器时期玉器　002

东南沿海新石器时期玉器　009

礼玉礼用——夏商周玉文化

016　表现礼玉文化的夏代玉器

021　展现灿烂景象的商代玉器

027　赋予君子德行的西周玉器

玉堂金马——秦汉隋唐玉文化

秦代简单质朴的玉器珍品　036

彰显王者之风的汉代玉器　043

开创全新局面的隋唐玉器　050

目录

玉国之盛——宋元明清玉文化

060　形神兼备的宋辽金玉器
070　大气精致的元代玉器
077　追求装饰美的明代玉器
083　集历代之大成的清代玉器

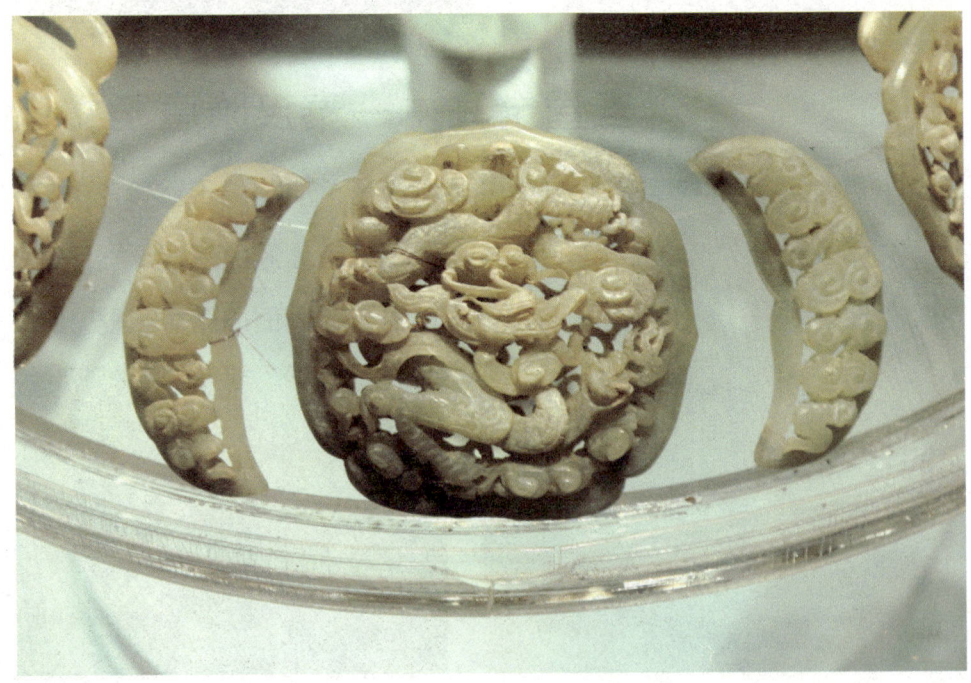

玉之起源

新石器时期玉文化

在我国新石器时期，可定名为某一文化区的，已有数十个，但发现其中有玉器遗存者，只有十余个。

其文化区有仰韶文化、大汶口文化、龙山文化、陶寺文化、齐家文化、新乐文化、红山文化、大溪文化、凌家滩文化、河姆渡文化、马家浜文化、良渚文化等。

这些文化区域大多各在一处，有的虽同在一起，但年代有前后关系，或后者就是对前一文化的继承和发展。

黄河流域新石器时期玉器

黄河流域是中华文明的发祥地之一，是最早进入新石器时期的地区，也是我国较早发现玉器遗存的地区之一。

新石器时期使用的玉料，是从旧石器时期制作石器时选用坚硬石料的基础上发展而来的，故其早期仍处于石、玉并用或玉、石不分的过渡期。

最早的磨制石器是出于人类无美学意识的行为，他们一开始希望石器锋利，做成砍砸器、刮削器，用来狩猎、割肉。

■ 仰韶文化玉铲

■ 新石器时代玉琮　玉琮是一种内圆外方的筒形玉器，是古代人们用于祭祀神祇的一种法器，距今约5100年。至新石器中晚期，玉琮在江浙一带的良渚文化、广东石峡文化、山西陶寺文化中大量出现，尤以良渚文化的玉琮最发达。在选材上，良渚文化的玉材为江浙一带的透闪石质的玉石，质地不纯，以青色、青赭色居多，其表面色泽较均匀。出土的玉琮，大部分已沁蚀成粉白色。

磨制石器给早期人类带来了快乐。当把这块石头成功地磨圆滑后，他们会非常高兴。因此，早期人类才逐渐追求石器的圆滑，进而追求美的感受。由于磨制的成就感，开始了人类漫长的追求。

至新石器时期早期，有的文化已开始用玉制作器具，并过渡到玉、石分开的阶段。其选玉标准就是：大凡用当时最坚硬的器具如竹、硬木、骨、角、牙等刻画不动者，而只能用解玉砂琢磨为器并有一定美感者，方可定为玉，这种情况，一直延续至新石器时期的晚期。

我国有个神话叫"女娲补天"。女娲补天用的是五彩石。为什么用五彩石，而不是随便找一块石头补上呢？因为五彩石具有美感。从神话中就可以看出早期人类这种主观意识的美学追求。

位于黄河流域的裴李岗文化，据测定，已上溯到公元前7350年，距今已有1万年左右的历史，是中原地区发现最早的新石器时期遗址。

女娲　亦作女希氏，又称女娲氏、女娲娘娘、娲皇氏、风里希、始祖母神，生于古成纪，我国上古神话中的创世女神。传说人首蛇身，为伏羲之妹，风姓。起初以泥土造人，创造人类社会并建立婚姻制度，教民结网渔猎；而后世间天塌地陷，于是熔彩石以补天，斩龟足以撑天。

在裴李岗文化遗存当中，就有用绿松石制作的玉坠和玉珠，表面较圆润，可见当时玉石加工已渐成熟。这些玉器也就成了黄河流域早期玉文化遗存的实物证据。

黄河流域新石器时期的玉器以仰韶文化、大汶口文化、龙山文化和齐家文化为代表。

新石器时期仰韶文化环形饰

仰韶文化最早发现于河南渑池县仰韶村，其分布范围以河南、山西、陕西为中心，西到甘肃，东到河北，北到内蒙古，南到湖北的部分地区，有遗址1000多处。

而仰韶文化发现的玉器，则表现了玉文化早期的特征，以小型装饰件为主。如在河南省偃师汤泉沟仰韶文化遗址中发现的一件青白色玉璜；在临江姜黎少女墓中发现两件绿色的玉坠；在湖北均县十家占仰韶文化遗址亦发现绿色的玉坠。

这些小型装饰玉器虽然分别发现于多处，但却具有相同的特点：器身平圆，造型完整，打磨光滑，穿孔吊挂。

及至仰韶文化晚期，在西安半坡遗址中发现了用和田玉制作的玉斧，在河南南阳黄山仰韶文化遗址中发现了墨绿色的独山玉斧。

仰韶文化 是我国先民所创造的重要文化之一，自公元前5000年至前3000年，持续了2000多年的时间，我国历史上的传说时代，史书记载的炎帝、黄帝等著名部族的社会生活和文化生活，都可以从仰韶文化的研究中去探索。仰韶文化分布广泛，历史悠久，是我国黄河流域华夏文化的主要代表。

这两件玉斧所折射出的文化内涵和前期相比，就大不一样了：一是证明早在六七千年以前，新疆软玉即已东进中原；二是从石斧到玉斧，绝不是简单的用材更换，而是一次意识形态重大飞跃的体现。

仰韶文化属于新石器时期中期，其玉器尚处于我国玉文化"只几个石头磨过"的"小儿时代"，而大汶口文化距今6500多年，其自身有2000多年的发展历史。

大汶口文化主要分布在山东的中南部和江苏北部地区，其影响所及达河南中西部、安徽和山东的北部，最东一直到黄海之滨，遗址200多处，墓葬2000多座。

大汶口文化处于原始社会末期母系制日益解体、父系制逐渐兴起的时期。大汶口遗址原本是一处氏族公社的公共墓地，由于墓葬之间叠压和打破现象较多，反映该墓地延续使用的时间很长，随葬品十分丰富。

大汶口墓葬中发现了一大批精致的玉器，有玉铲、玉凿、玉锨、玉笄、玉管、玉臂环、玉指环以及罕见的绿松石骨雕筒等，这些都是新石器时期后期氏族社会发生深刻变化的历史阶段的重要遗物，是文明即将到来之前文明意识及社会上层建筑的体现。

大汶口文化三牙璧

大汶口文化的全部墓葬，生动地反映了这一时期玉器从少到多、从小到大的发展过程。从大汶口墓

龙山文化三牙璧

葬资料来看，在早期的30座墓葬中，平均每墓随葬品7件；在中期的67座墓中，平均每墓随葬品17件；在后期的18座墓中，平均每墓随葬品剧升为45件。

在大汶口墓葬群的早期几乎无玉随葬，例如属于早期的一座典型大墓，共有各种随葬品60多件，其中精美的透雕象牙梳和置放于墓主头部和肩部的象牙琮，反映了墓主身份的显贵以及大汶口早期居民艺术创造力和原始宗教的发达程度，但就是没有一件玉器。

在另一座同期的中型墓中，在女墓主的左耳下发现了一枚小绿松石片。

还有一座墓中发现一件戴在手指处的镶绿松色的骨指环。这一切都表明在大汶口墓葬的早期和仰韶文化时期相似，玉器尚处于起步阶段。

大汶口文化的晚期，由于社会生产力的发展和文明程度的提高，玉器生产已很发达，随葬玉器的数量增多，品质提高。

如一座晚期大墓，墓主为一名50岁左右的女性，手臂戴有玉环，手指戴有玉戒，胸前有一串绿松石片，右股间放置一玉铲。此外，头上还戴有象牙梳

绿松石 因其形似松球且色近松绿而得名，是我国"四大名玉"之一，自新石器时期以后历代文物中均有不少绿松石制品，是有着悠久历史和丰富资源的传统玉石。古人称其为"碧甸子""青琅玕"等。据专家考证推论，我国历史上著名的和氏璧即是绿松石的一种。

和3套珠串，右股处有一骨雕筒。还放有一对兽骨和玉指环。

龙山文化处于新石器末期。龙山文化玉器主要遗址有历城城子崖、日照两城镇、胶县三里河、诸城呈子、东海峪、茌平尚庄、泗水尹家城、武莲县丹上村等地。山东境外著名龙山文化玉器也普遍存在，如陕西神木石卯等。

龙山文化玉器的主要品种有穿孔玉斧、斧形玉刀、玉销、玉铲、玉珊、锻形玉玲、玉钺刀、玉兰刀、玉坚、玉璜、组合玉佩、玉用、玉笒、玉别、玉管、玉液巩、阳彩玉器、几何形玉器、人头玉雕像以及嵌绿松石的骨器等。这些玉器大多琢磨精致、造型优美、晶莹圆润，具有较高的艺术水平。

龙山文化遗址中有许多玉石装饰品，鸟形或鸟头形玉饰成组随葬，为以后商代大量盛行动物雕开创了先例。另外还

齐家文化玉人

有玉斧、玉锛、玉刀、玉凿、玉璇玑等。

　　龙山文化和大汶口文化玉器相比，在意识形态和礼仪特征方面，有了很大的进步，这跟龙山时期的社会生产力和社会组织形态是相适应的。

　　龙山文化时期的生产及制作技术有了明显的突破，比如龙山文化时期的玉刀，长49.1厘米，宽5.9厘米，厚0.1厘米，玉料墨绿色。体薄而扁长，宽边处由两面磨成薄刃，有3个等距圆孔。玉刀正面光滑，背面粗涩且有土浸痕，似未经打磨。

　　这件玉刀虽有利刃，但如此宽薄，显然不是实用器，推测为祭祀器或做仪仗礼器。

　　这些现象表明，玉在齐家文化居民的心目中已经有了重要的位置。从新石器时期的发现得知：史前玉器多用于祭葬，也就是说多用于鬼神之事。自黄帝始，将玉器施用于政治场合，施用于氏族部落联盟的等级制度。这是国家玉礼仪制度的初始，无疑属一项重大的创举，也可以说是用玉方式的一个重大的转折。

阅读链接

　　龙山文化一些著名的玉器，如胶县的组合鸟形玉佩，日照的鸟纹石镇、鹰攫人头玉雕，这些都应是东夷部落马图腾的生动体现。

　　从龙山文化发现的古玉当中，可以看到帝颛顼时代用玉礼仪的盛况。龙山文化后期的玉斧、玉刀、玉铲、玉钺、玉璧、玉佩等，无一不是礼仪用玉或仪仗用玉。

　　特别是刻兽面纹玉钺和双面兽面纹玉斧，更是具有典型王权特征的玉器，显示龙山文化后期礼仪用玉已经发展到一个相当成熟的程度。

东南沿海新石器时期玉器

东南沿海地区新石器时期玉器以广东省曲江石峡文化、台湾卑南文化为代表。

曲江石峡遗址位于广东省北部，因地处曲江西南狮子山的狮头和狮尾之间的峡地，故得名。该遗址面积30平方千米，发现各种遗物2000多件，其中有41座墓葬中有玉器163件。

石峡遗址玉器的品种有玉璧、玉琮、玉钺、玉玦、玉瑶、玉环、

石峡遗址出土的玉坠饰

水晶 水晶文化历史悠久，古人曾赋予它一串极富美感的雅称，我国最古老的称谓叫水玉，意为似水之玉，又说是"千年之冰所化"。水晶还拥有众多别称：从水玉、水碧、白玉、玉瑛、水精石英、黎难、晶玉到菩萨石、眼镜石、放光石、千年冰、高山冻、鱼脑冻等，从而构成一部奇石鉴赏史。

玉蝉、玉管、玉珠、玉坠及各种动物造型的玉装饰品。所用材料有蛇纹石玉类、高岭玉、汉白玉、软玉、绿松石、水晶等玉料。

石峡文化玉器大致分为两类：一是装饰品类，二是礼玉或葬玉类。曲江石峡文化中有二次迁葬的习俗，在一座墓中同时具有最初葬器和迁葬用器，这在新石器时期文化当中罕见。这样一来，墓中随葬玉器的数量自然增多，器形也较优美。

石峡文化的年代为距今6000年至4000年之间，属原始社会晚期。玉器形制和加工技术都可和长江下游地区媲美。

石峡文化的一座墓中发现的大玉琮，竟和江苏吴县草鞋山发现的大玉琮在玉料、内孔特征、纹饰上几乎一模一样，两地相距2000千米，却如此雷同，确实很特殊。这至少说明石峡文化和长江中下游地区诸原始文化有非常密切的联系。史前人类相互交流的地域范围如不是以发现实物为据，难以令人置信。

卑南古文化遗址位于我国台湾东部卑南山区，

石峡文化玉环

属台东市，距今三四千年，是一处新石器时期的部落遗址，共有墓葬1500余座，其中随葬玉器1000多件，是台湾玉器式样及数量最多的遗址。

卑南遗址安葬方式是以石板为棺，埋于住屋室内地下，这种习俗十分罕见。从玉材来看，大多使用花莲玉、蛇纹石类玉，多为台湾当地所出。

卑南遗址发现的古玉主要有三大类：

一为装饰类，主要指玦、管、珠、棒形玉饰和长管等，一些装饰性玉器形制特殊，非常有特色，但是数量甚少，如形制上接近于"T"字形环的喇叭形镯也是颇具特征性的卑南玉器。

二为工具类，有玉饮器及端刃器如锛与凿，往往刃口锐利，使用痕迹清晰。

三为兵器类，主要有玉矛和镞，对称锋利，中脊坚挺，形态优美。

卑南玉器遗存中最具特色的品种当属玉玦，"玦"和"玦形耳饰"是卑南发现玉器中数目多、类型丰富的代表性重要玉器。

在卑南早期的一座墓葬中有玦80件，发现的71座

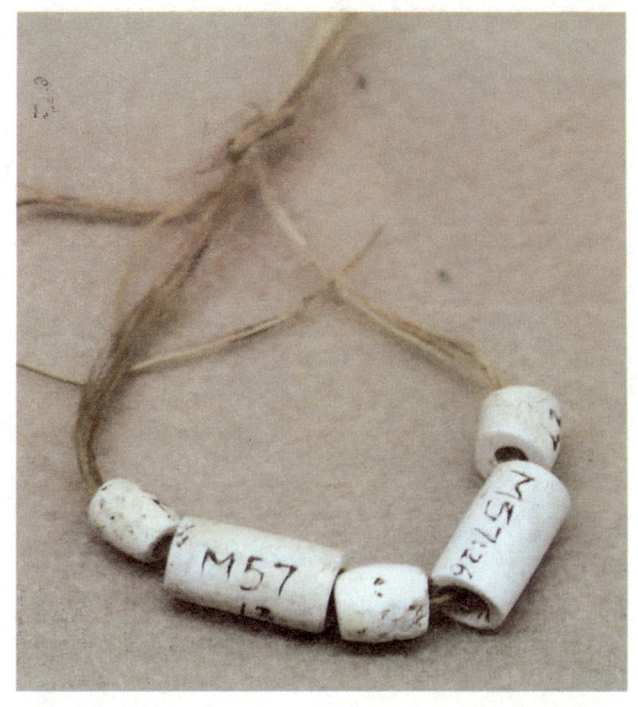

■ 石峡文化玉管

二次迁葬 我国古时的一种葬俗。即在人死后先放置一个地方，或是用土掩埋，待3年或5年，尸体腐烂，再打开棺、捡骨，用白酒洗净，然后按人体结构，脚在下、头在上、屈体装入陶罐，盖内写上死者世系姓名，重新埋入地下。这种二次埋葬，亦称为"洗骨葬"或"捡骨葬"。

石峡文化玉环形琮

墓葬，有陪葬品的35座墓葬中，其中23座发现有玉玦。

另外，卑南晚期的320座墓葬中有玦159件，发现132座墓葬中有陪葬品的67座，玉玦的出现频率依旧最高。

从玉玦形制上来看，有圆形、椭圆四突形、外方内圆四突形、长方形、"几"字形等，这当中除圆形而外其他造型的确少见。

四突起玦的制作工艺非常有特色，只作一次旋截去掉核心，至于板岩材质的带四突起玦是在经敲打或磨平的薄板岩片上打击制造，多数再经磨平修整完成，没有旋截痕迹。缺口由两面磨锯造成，标本明显粗糙。大都出自复体葬棺，推测是玉材料缺乏时制作的耳环。

人兽形玦是卑南文化晚期出现的最为独特的玦，数量不多。"人兽形"和"多环人兽形"耳环，造型抽象，十分奇特，应是古代神灵意识的一种物质体现，不能单纯地看作一种装饰。

人兽形玦除了两座墓葬所发现的上部为明显玦形之外，其余的人兽形玦均呈"Π"形，大致对称，下端切割有豁口，头顶以兽相连，符合玦的基本形制，应该归之为"玦"类。

人兽形玦的另一重要特征是下部突起的有无，可以认为"脚"或镶插的"凸榫"，甚至推测为"脚铐"用意等。

卑南两端带孔棒形玉饰和长管也是很有特征性的玉器，尤其是前者。除了其形制外，主要还体现在制作工艺上，两端各带一穿孔，一般认为作为颈饰的一部分,两端或有沟槽、"伐槽"相接。整器当以片锯切割而成,中体贯穿孔为双向对钻,一般的实心桯钻不能完成,当存在组合式的实心钻头。

除了两端带孔的棒玉饰之外,还有中间贯穿孔的长管,长的甚至在20厘米以上,而外径一般都在1厘米之下,如此精准的对钻孔而未有丝毫偏差着实令人惊叹。

台湾史前发现的玉锛,凿刃部多带有长期使用所造成的磨蚀沟或小破碴,卑南文化也不例外。柄端面尚保留的片切割扳短后的粗糙面,这说明很有可能原先还是安装木柄的。

玉矛镞有时也难以准确区分,是否有使用过的痕迹也不清楚,但应该原先多是无秘的,否则位置过于局促。

卑南的一座墓葬中发现一件玉质箭头改制的玦,除了说明他物利用之外,其玦豁口未开,一则可说明豁口是以短刃边切割,二则也说明这类玦的佩戴是通过玦的中孔系挂的。

从整个面上来看,在几乎所有的墓中,随葬玉器的数量相差都不是很大。比如耳环,墓

> **镞** 指最早出现的青铜兵器。青铜镞是安装在箭杆前端的锋刃部分,用弓弦弹发可射向远处。青铜镞在二里头文化时期即已出现,属较早出现的青铜兵器之一。其形制较多,主要有双翼、三翼与三棱3类,随时代的发展而有所变化。战国时期,远射的三棱矢镞已改成铁铤。

■ 石峡文化玉玦

石峡文化玉琮

中多者4件,少者1件。比如玉凿,多者2件,少者1件,说明当时贫富的分化还不是十分突出的。

距今约3000多年前是卑南玉器的极盛期,在这一阶段,台湾地区相对于大陆形成了自己一个独特的地理单元,卑南琢玉工艺有了长足的发展。

卑南遗址中发现有大形贝类工艺材料砗磲,并且和玉石同在一窟,这反映在上古时代砗磲就作为美石雕琢使用,可证古传车磲为玉属之说不虚。

台湾地区旧石器时期发现玉器的遗址除卑南外,还有垦丁、圆山、芝山岩、丸山、加路兰、平林等地。这一切均说明台湾是我国东南沿海地区重要的古玉出产地,对研究我国古代文明的起源具有重要的意义。

阅读链接

新石器晚期在我国玉器史上是一个很重要的时期,从发展史的角度来说,它是我国玉器的基础期或奠基期。从规模和水平来说,它是中华玉器史上的第一个高峰期。

新石器时期玉器对史前文化意识、地域意识和民族意识的形成曾产生过重大的影响和推动作用。我们从史前玉器和玉文化之中能够较清晰地看到步向文明的足印。

这些考古的大量成果不仅显示了新石器时期玉器的伟大成就,它还向世人证明号称礼仪之邦的中华古国的礼仪典章;正孕育成长并崛起于这玉文化的土壤之中。

礼玉礼用 — 夏商周玉文化

玉文化在夏商周三代进入了"礼"的最高境界，表现出礼制化的风格，玉器与政治、宗教、道德、文化融为一体，体现血缘制度。

赋以爵位等级而政治化；排列玉之形制，赋以阴阳思想而宗教化；抽绎玉之属性，赋以哲学思想而道德化。

此时期创作风格和艺术手法突出神韵，富有流畅婉转的韵律美。夏玉尚忠，商玉尚质，周玉尚文。

表现礼玉文化的夏代玉器

我国古史传说中最著名的一篇便是大禹治水。治水是为了平定水患，让人民休养生息，使社会获得发展。

这件事本身并不属于意识形态的范畴，但在古史传说中它也上升为神话，说大禹获得了先祖神伏羲之助，得授玉简，并嘱咐大禹：

河南偃师二里头遗址出土的玉钺

"此玉简长一尺二寸以合十二时之数，使用此玉简可以度量天地、定水土、开山门、疏导河流。"

大禹得到玉简，削平了龙门山并凿开宽达80步的龙门水道，这才获得了治水成功。这便是通过神话的形式使一件纯粹属于一般性的行为跟玉文化联系在一起了，其实这也是玉崇拜心理的一种反映。

公元前2070年，大禹的儿子启开创了子承父位的世袭王朝制度，开始了"天下为公"到"天下为家"的转变，建立了我国历史上第一个奴隶制国家夏王朝，王都河南偃师，标志着中华大地上的远古人类开始跨进文明的门槛，古老的部落被国家替代。

许多文献中的资料表明，夏代是一个崇尚玉的朝代。夏文化的文明区域以河南西部为中心，辐射河南、山西、湖北、河北、山东等地。

重要的遗址有河南偃师二里头、郑州洛达庙、洛阳东干沟、陕县七里铺，山西夏县等地。

夏朝的奴隶制国家形态中，开始出现了高度发达的青铜文化，影响着玉器不能像在原始社会那样在社会生活的诸方面继续统治人民的思想。

■ 夏代陶鬲

伏羲 传说中华民族的祖先，他根据天地万物的变化，发明创造了八卦这一我国最早的计数文字，是我国古文字的发端，结束了"结绳记事"的历史。他创造历法、教民渔猎、驯养家畜、制定婚嫁仪式、始造书契、发明陶埙、琴瑟乐器、任命官员等，成为了中华民族的人文初祖。

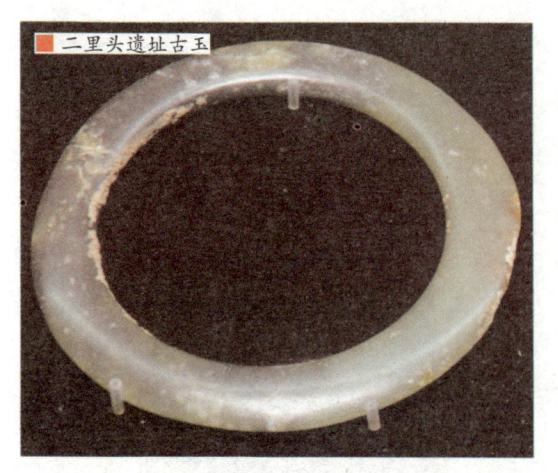

二里头遗址古玉

河南偃师二里头夏文化遗址中发现的玉器形制庄重、风格独特、超凡脱俗，证实是夏代玉器的典型代表。玉器种类有玉圭、玉璋、玉琮、柄形器饰等，为王室专用，烘托出贵族气氛。

二里头文化发现的玉器品种有钺、戚、牙璋、刀、戈、矛、圭、柄形器、珠、管、坠等。其用途或作佩饰，或作仪仗。其中仪仗器是继新石器时期已有的基础上发展演变而来，在造型上并无多大的变化，只是器形较宽，有的还饰有纹图，侧边有若干个齿状脊牙，玉钺刃边作多角等，而与此前玉器略有差别。

装饰品类玉器有玉珠、玉镯、玉管、嵌绿松石兽面纹牌饰；兵仗类有玉戈、玉钺、玉刀、玉戚；生产工具类有玉铲、玉斧、玉镞。

夏代玉器造型主要为几何形器物，以直方形为主，如玉圭、玉刀、玉斧，大多数光素，无纹饰。柄形饰为创新玉器，造型为商、周同类玉器开了先规，是夏王朝的重要发明。

夏代玉器造型分为两式：一式为长方棒形，光素；二式玉柄，可分上、中、下3组兽形纹，装饰两组浅浮雕似花瓣纹，兽面用双阴线与浅浮雕相结合的技法精心雕成，线条自然流畅，典型庄重，工艺极为精美。经鉴定，夏代的玉柄其作用类似于权杖，是夏王朝最高权力的象征。

镶嵌玉器的典型代表为镶嵌绿松石兽面纹铜牌饰，以青铜牌饰为衬底，其上用数百块各种形状的绿松石薄片镶嵌而成饕餮纹图案，饕餮双目正圆，鼻与身脊相通，两角长而上延，卷曲似尾，所嵌各形绿松石相互接合，工艺精巧，制作精细，美学内涵丰富，是夏朝典型的铜镶玉工艺，开青铜器上镶嵌绿松石工艺之先河。

玉戈造型规范，分为两式：一式为尖锋，双刃，援与内相连处有叙线纹，无中脊，内有一孔，保持龙山文化玉戈的造型特色，是龙山文化玉戈的延续；二式为尖锋，锋前端略起一段中脊，内部窄短，穿一孔。二里头文化发现的玉戈最长可达43厘米，器形之大，应该是典型的兵杖玉器。

玉钺造型分为两式：一式为长方形，两侧边缘出脊齿，刃略作弧形，是龙山文化玉钺的延续；二式为创新型，整体近圆形，顶端较圆，两侧直，有数个脊齿，弧刃分成四连刃，从力学原理分析，短形四连刃的砍杀力会相对增强，每段为双面直刃，中间有一孔，重要的价值在于为商周同类器形开了先河。

玉刀造型为长条梯形，分为三式：一式为长条梯形；二式两侧出脊齿；三式两端均刻以交叉的直线阴纹组成的细网络纹，平行于刃部的长直线纹，刃宽最长可达65.2厘米，是新石器时期生产工具石刃的延续。如著名的七孔大玉刀。

二里头文化遗址的夏代玉器中，兵仗类玉器占

饕餮纹 青铜器上常见的花纹之一，盛行于商代至西周早期。此兽是古人融合了自然界各种猛兽的特征，同时加以自己的想象而形成的，其中兽的面部巨大而夸张，装饰性很强，研究者称为兽面纹，常作为器物的主要纹饰。兽面纹有的有躯干、兽足，有的仅作兽面。

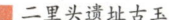
二里头遗址古玉

了较为重要的地位，突出地反映了"以玉为兵"的历史事实和"轩辕之时，神农氏势衰，诸侯相侵伐"的炎黄之战、黄帝蚩尤之战、颛顼与共工之战的氏族社会末期社会战乱的实景。

战争的结果是强大部落兼并弱小部落，社会开始向部落融合统一，即国家形成迈进。

玉戈、玉钺、玉刀是作为兵器形成出现的三大类型"礼权玉器"。这些器物证实，夏王朝是经过长期战争，才得以建国执政的，象征的是夏朝君王的军权和战争的胜利。玉器所反映的是战争与征服和礼从的特殊文化形态。

夏代玉器的风格是红山、良渚、龙山文化玉器向殷商玉器的过渡形态，夏代治玉工具有青铜砣机，玉器体薄饰细阴线几何纹。

二里头文化玉器的饰纹，亦有新的发现，一件柄形器上的花瓣纹、人面纹、双钩饰纹和人面纹上的"臣"字形目等最引人注意。它不仅为此期的创始，而且对其后玉器的饰纹有着重大的影响。

阅读链接

二里头文化的玉器中，数量较多且为首次出现的是所谓"柄形器"。鉴于此类器物前有榫，推测其可能作某种器之柄而定为"柄形器"。

由于此类器从未发现其榫端有器物，故对其定名又提出怀疑，有的称其为刀具，有的称其为死去祖先的牌位。

这类物曾数次见到其榫前端有数十块小玉片等组成的某形体物，且制作精美，甚至有下面嵌托黄金片者。有的置于棺椁内和盖上，有的置于墓葬周壁间的墓道口，显然有某种特殊作用和意义，可能是一种辟邪圣物。

展现灿烂景象的商代玉器

商朝是我国第一个有书写文字的奴隶制王朝,中原玉器在继承辽河及长江流域新石器时期琢玉技艺的基础上,汲取了以夏代二里头玉器为代表的精华。

可以说,殷商的制玉业对于我国古代造型艺术的发展,尤其是对后世的雕刻艺术产生了广泛而深远的影响。同时,青铜制作工具在琢玉领域的不断运用和完善,使方兴未艾的青铜制造业和传统的制玉业得到了互补,达到了相得益彰的效果。

这为玉器业技术的改进和发展提供了重要保障,增添了前所未有的活力,并逐渐走向

商代玉龙

■ 商代玉戚 仪仗玉之一，又称玉兵器。玉戚主要出现于商、周两代，以商代最为突出。春秋战国以后，除仿古玉器作品外，这种器物很少见到。这件玉戚为粗白玉料制成，两侧各有6条突起的棱，双面刃。壁面切割平整，内外缘厚度相同。在其表面有细若发丝的微刻花纹和一个人形图案，堪称一绝。

夔龙纹 夔是神话中形似龙的兽名，夔龙纹一说为龙纹、蜗身兽纹，主要形态近似蛇，大多为一角、一足，口张开、尾上卷。夔龙纹开始流行于商、西周青铜器及玉器上，而商代的白陶因造型和纹饰均模仿当时的青铜器，因此也有印夔纹装饰的。

成熟，达到了极高的艺术造诣，带来了文明社会玉器业的第一次发展高峰，从而开创了我国玉文化的一代新风，呈现一派灿烂的景象。

商代的玉器制作并没有因青铜器的崛起而失色，相反，青铜治玉工具的出现促进了玉器制作技术的进一步提高，增加了玉器的品种与表现形式，加上统治者对玉器的重视，使商代玉器制作的规模和工艺水平更加精细，更富于人性化。

商代早期玉器在研磨、切削、勾线、浮雕、钻孔和抛光，以及玉料的运用和创作造型等方面，都达到了很高的水平。到了商代晚期，玉器的图案设计、雕琢工艺、抛光技术等，与早期相比有了明显的进步。

如一件商代前期大玉戈，玉质仪仗器，长94厘米、宽14厘米、厚仅1厘米，堪称"玉戈之王"。

从装饰题材看，可以分为动物、人物、神话形象，以及戈、璜、琮、环及铲等。

工匠们受到了自然界和人类社会中事物的启发，采用薄片雕剪影的视觉效果，或圆雕的写实手法，用线面结合的方式,加之"臣"字目、变形云纹、鳞纹、龙纹、凤纹、连珠纹、神人兽面纹、兽面饕餮纹、双勾线纹等的流行,生动地刻画出作品的表情和神态,赋予美石本身更多的艺术韵味。

同时,工匠们以朴实自然的审美观念,将玉石沉稳柔和的色调同优美流畅的线条有机地融合在一起,达到了传神的艺术效果,成为奴隶主贵族和上层社会人们喜爱和追逐的对象。

但是,这并不能代表殷商玉雕艺术的最高境界,殷商是一个崇信鬼神的朝代,许多玉器中都蕴含着浓重的神鬼观念和宗教意识。

为了更好地表现玉石的美感,商代玉工们在承袭夏代镶嵌工艺的基础上,进一步发扬光大。在戈、矛、剑等青铜兵器上镶嵌玉石,装饰着饕餮纹、夔龙纹、云雷纹等,并发展成为一种普遍现象。

如新郑望京楼新村乡和妇好墓的铜内玉援戈,以及安阳市黑河路出土的铜骸玉矛,虽然都为铜内玉援戈,但前者的内部装饰着变形夔纹,而后者的内部除装饰饕餮纹外,还镶满绿松石,给人以华丽的美感。铜骸上镶嵌的绿松石大多已经脱落,但其精湛的制作工艺,仍让人产生很多美好的遐思。

商代玉器长期以来被认为是我国古代雕刻艺术的奇葩,安阳殷墟商王武丁的夫人妇好墓发现的700多件玉器可见一斑。

商代妇好墓的玉器分为礼器、仪仗、工具、用具、装饰、艺术品

商代玉戈

以及杂品等7类，反映出当时玉器的用途甚广、地位至尊的历史面貌，其中生肖玉器占很大分量。

妇好墓玉器装饰图案发明了双勾线雕法，即双线并列的阴刻线条间又呈现一条阳线，图案画面由阴线构成，使画面变得更加生动，凡此都表现为商代玉器发展的一个新的高峰。

■ 商代玉护甲

妇好墓出土玉器的原料，大部分是新疆玉，只有3件嘴形器质地近似岫岩玉，1件玉戈有人认为是独山玉，另有少数硅质板岩和大理岩。

这说明商王室用玉以新疆和田玉为主体，有别于近畿其他贵族和各方国首领所用的玉器，从而结束了我国古代长达两三千年用彩石玉器的阶段。

妇好墓玉器的新器型有簋盘纺轮、梳、耳勺、虎、象、鹦鹉、鸽、燕雏、鸬鹚、鹅、鸭、螳螂、龙凤双体、凤、怪鸟、怪兽以及各式人物形象等，其中有些器型尚属罕见。

妇好墓玉器的艺术特点不仅继承了原始社会的艺术传统，而且依据现实生活又有所创新，如继承了红山文化的玉龙，仍属蛇身龙系统而又有变化，头更大，角、目、口、齿更突出，身施菱形鳞纹，昂首

妇好 商朝国王武丁的妻子，我国历史上有据可查的第一位女性军事统帅，同时也是一位杰出的女政治家。她不仅率领军队东征西讨为武丁拓展疆土，而且还主持着武丁朝的各种祭祀活动。因此武丁十分喜欢她，她去世后武丁悲痛不已，追谥曰"辛"，商朝的后人们尊称她为"母辛""后母辛"。

张口，身躯卷曲，似欲腾空，形体趋于完善。

玉凤是新创形式，高冠勾喙，短翅长尾，飘逸洒脱，与玉龙形成对照。玉龙、玉凤和龙凤相叠等玉雕的产生可能与巫术有关。

玉象、玉虎等动物玉雕来自生活，用夸张概括的象征性手法准确地体现了动物的个性，如象的温顺，虎的凶猛等。

尤其是妇好墓还发现了红山文化的玉钩形器及石家河文化的玉凤，这说明收藏古玉已经是古人的一种文化生活。妇好是个爱玉的人，在她的墓中有500多件佩玉。

妇好墓中最重要的一件玉器，就是一个跪坐的玉人，是一个圆雕的玉件。所谓圆雕，就是立体雕，其前后、左右、上下，转着圈儿都能看。

《周礼·考工记》里有记载，说王室设玉作来管理玉人。所谓玉作，就是王室设办了玉的作坊，专门管理制造玉的奴隶，这些奴隶当时也被称为"玉人"。

奴隶社会到了商代，有一个重要的社会分工，就是农业和手工业的分工。因为有了这个分工，才有了这些专业作坊的出现，才有了以做工为生的人。他们以做工为生，不以种地为生，这是社会进步的标志。

在浩如烟海的史料中，与商代玉器有关的记载不胜枚举。如三星堆遗址发现的"玉边璋"，遍体满饰图案，生动刻画了原始宗教祭祀场面。

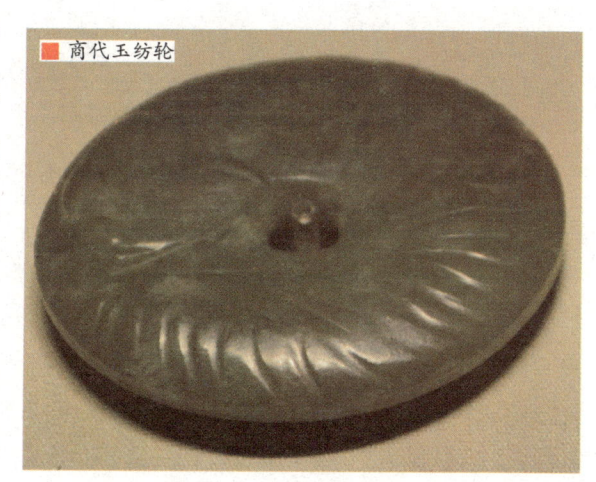
商代玉纺轮

图案上下两幅对称布局，内容相同，最上一幅平行站立3人，头戴平顶冠，戴铃形耳饰，双手在胸前做抱拳状，脚穿翘头靴，两脚外撇站成一字形。

第二幅是两座山，山顶内部有一圆圈，可能代表太阳，在圆的两侧分别刻有"云气纹"，两山之间有一盘状物，上有飘动的线条状若火焰。在山形图案的底部又画有一座小山，小山的下部是一方台，可能代表祭祀台，一只大手，仿佛从天而降，伸出拇指按在山腰上。

第三幅是两组"S"形勾连的云雷纹。云雷纹下的一幅也是3个人，穿着和手势与第一幅相同，所不同的是这3个人戴着山形高帽，双脚呈跪拜的姿势。

这些图案反映出古蜀人在祭坛上举着牙璋祭祀天地和大山，而且天神已有反应，伸出拇指按在山腰上，这是要赐福于下界的表示。

阅读链接

史学界把郑州二里岗时期的玉器和安阳殷墟的玉器，作为中原地区商代玉器文化形态的代表。

前者主要有郑州二里岗、郑州商城、郑州铭功路、郑州白家庄、郑州杨庄村、新郑望京楼、许昌大路陈村等地出土的玉器。其种类及数量较少，造型简单，基本没有纹饰，表现出玉器初创的状态。

后者以安阳小屯、安阳武官村、安阳大司空村、安阳高楼庄、安阳郭家庄、辉县琉璃阁、孟州涧溪村、信阳罗山莽张后李等地出土的玉器为代表，其数量及种类很多，造型丰富，纹饰繁缛，工艺精美。

只有殷墟时期的玉器才真正体现出了商代玉雕艺术的风格和魅力，不论从技术和审美的角度，还是从造型设计和纹饰效果上看，都代表了商代制玉业的最高艺术成就，是中华民族早期社会文明发展过程中积淀下来的重要文化成果。

赋予君子德行的西周玉器

西周玉器与商代玉器一脉相承,但是数量较商代有明显减少,而其礼器也趋于小型化,偏重玩赏。所以雕琢上以片状平面体为主,浮雕及阴刻相结合,圆雕和镂雕为辅。纹饰雕刻,由单阴刻线向双勾阴线发展,晚期双勾阴线委婉流畅,图案繁缛。

■ 西周兔形玉佩

《诗经》 我国最早的诗歌总集，收入自西周初年至春秋中叶大约500多年的诗歌。另外还有6篇有题目无内容，即有目无辞，称为笙诗，又称《诗三百》。先秦称为《诗》，或取其整数称《诗三百》。西汉时尊为儒家经典，始称《诗经》，并沿用至今。

西周玉器在继承殷商玉器双线勾勒技艺的同时，独创一面坡精线或细阴线镂刻的琢玉技艺，这在鸟形玉刀和兽面纹玉饰上大放异彩。纹饰环曲、华丽，布局严谨，风格独特。

西周时期，玉文化沿着殷商的轨迹发展，在佩饰上出现了新变化。如：串饰形式多样，长度加大，贵族玉佩多以璜为主件，杂以珠管，也有以多种形式的玉片配以管珠制成。

西周玉器中玉璜甚多，说明西周时期盛行玉佩。这是因为在西周"君子比德于玉"。《诗经》云："言念君子，温其如玉。"

此时玉文化的沉淀已大大超过玉的自然属性，使玉成为君子的化身，人们赋予玉以德行化、人格化的内涵，将其从神权、玉权的控制下解脱出来。

周王朝统治者吸取了殷商灭亡的教训，重新制定了一套礼仪，这就是《周礼》的出现。古人认为玉有祥瑞辟邪之用，于是在《周礼》中规定了不同的玉有不同的地位和作用，使玉器成为等级的标志，赋予它强烈的政治色彩。

对于祭祀，礼仪用玉也作了规定，《周礼·春官·大宗伯》：

以玉作六瑞，以等邦国。王执镇圭，公执桓圭，侯执信圭，

■ 西周中期组佩

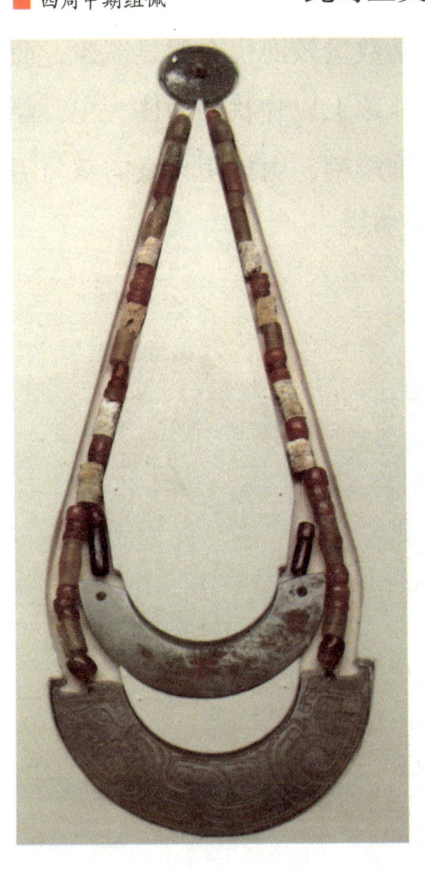

伯执躬圭，子执谷璧，男执蒲璧。

以玉做六器，以礼天地四方，以苍璧礼天，以黄琮礼地，以青圭礼东方，以赤璋礼南方，以白琥礼西方，以玄璜礼北方。

■ 西周玉鹿

由于古人发现玉的颜色有所不同，就有意识地利用这些颜色。用4种不同颜色的玉器祭祀四方，对后世一直产生深远影响。

比如四方神：朱雀、玄武、青龙、白虎。南方朱雀，红色，与赤璋相对；北方玄武，黑色，与玄璜相对；东方青龙，青色，与青圭相对；西方白虎，白色，与白琥相对。《礼记》记载："行，前朱鸟而后玄武，左青龙而右白虎。"

西周专门制作并供王室贵族享用的玉器，已进入自殷商起的第二个高峰的后期，并取得了新的成就，制作出一大批精美佳作。

重要的玉器发现地有陕西省宝鸡市的强国墓地，浚县辛村墓地，平顶山应县墓地，三门峡虢国墓地，山西省曲沃北赵晋侯墓地，北京市房山黄土坡燕国墓地等。

从传世玉器情况看，西周玉器有如下一些基本

《礼记》 战国至秦汉年间儒家学者解释说明经书《仪礼》的文章选集。是一部儒家思想的资料汇编。又叫《小戴礼记》。《礼记》的作者不止一人，写作时间也有先有后，其中多数篇章可能是孔子的72名高徒弟子及学生们的作品，还兼收先秦其他典籍。从来礼乐并称。

■西周时期玉璜

情况：所用的玉料较前期略讲究质地美，所见大多用新疆产昆仑系玉，少量用辽宁产岫玉。

西周玉器的制作，除大量用最坚硬的昆仑山玉料所表现、所用工具较前期先进和琢玉技艺大大提高外，在其他方面则与殷商时期的用料及表现技法基本相似。

西周玉器的最大变化，是表现在玉器品种上。新石器时期至商代盛行的实用或不实用的玉制工具，至此时已逐渐消失；仿实战武器而做的玉制仪仗器中，玉刀、玉戚等至少在中原地区已不能见到。

玉戈、玉戚已步入衰亡期的具体表现是不仅数量不多，且器形也向小型化发展，大多从以往数十厘米长减缩至10厘米长左右，其用途也变为象征性的，主要作珍宝和财产收藏。

而礼器中的玉琮，在西周王室所在地有大批发现，玉璧多已趋向小型化，玉璜、玉琥突然增多，玉圭首次在玉器群体中出现，玉璋则仍未见实物。

此时玉制人神器，除少量的整形直立式写实人器外，尚见众多形作蹲地式，通体有若干龙或作某部器官或作佩饰穿戴，呈侧身侧视或个别呈正视状的人龙复合形器。其制奇特，极富时代感。

玉制写实性动物形器，虽数量极可观，但品种较殷商时期为少，即由殷商期的数十种减至十余种，常见有牛、羊、猪、兔、鸟、虎、鹿、龟、蝉、蚕、鱼、螳螂等。

非写实性的神鸟神兽,新石器时期开始出现的凤,经夏商一度中断后,复又出现,且突然多起来。此期的凤形作头顶有棒槌式高冠呈直立或向前倾弯,鹰钩嘴,圆目,尾从背侧上翘至头顶。

龙的形态也有很大的发展变化,除一部分保留殷商间瓶形角和双足龙外,还新出现了两龙或多条龙相互交接盘结式和口吐长舌的无足龙。

这些神鸟神兽的突然增多和更加变态神秘,说明当时的人们从早期崇奉自然和写实动物为主转向崇奉神灵为主。

山西省曲沃县的西周著名的晋侯墓一共有19座,都是历代晋侯及其夫人的墓,其中发现有大量华丽精美的玉器、青铜礼器等随葬品。

随葬的玉器种类繁多,装饰华美,是西周时期等级最高的玉器。其中发现玉器最多的一个墓,有800件,最有特色的是一匹圆雕的玉马,立体的,呈静态。

西周时期除保留众多的传统玉器品类外,同时还出现了一些新兴的玉器品种,

> **圆雕** 又称立体雕,是指非压缩的,可以多方位、多角度欣赏的三维立体雕塑。圆雕是艺术在雕件上的整体表现,观赏者可以从不同角度看到物体的各个侧面。圆雕手法与形式多种多样,有写实性的与装饰性的,也有具体与抽象的。

■ 西周时期玛瑙玉珠项链

西周缀玉面罩

主要的就是成组佩玉器和专供死者入葬用的玉面罩。如晋侯墓的玉器中最能体现西周用玉敛藏厚葬制度的是玉面罩。

玉面罩是由近似人面部五官形式的若干件玉器按人体面部大小形态缝缀在布料上,形式各不相同,有的是专门而作,有的是用其他玉器改作或合并而成,每套中的各件数量不等,各呈扁平形,边角有穿孔供缝缀用,使用时凡有饰纹部分皆朝向死者面部。

而此期的玉佩,一个重大的变化是突破以往多为单个为佩的习惯,而向成组并有一定规格及组佩方向发展。其形式多由若干件玉璜和甚多不同质色的管珠等成组串缀而成,佩挂在胸前至腿足,给人一种光彩夺目和富丽堂皇的新鲜感。

成组佩玉，因能发出美的玉声和控制人按一定规律移动的步伐，故又名叮当、节步和步摇，已发现10余套件，所有者皆王侯贵族。用途含义，除上述作节步外，尚有表示等级高上、崇德，示"君子"有"光明正大"的人品及美化服饰行装用等。

西周时亦发现一些以往不多见的玉器，常见的有玉兽面、玉圭、玉束帛形器等。其中玉圭的出现尤引人注意，形作扁平尖首无刃状，与文献记述中的圭形之说相合。

"太保玉戈"是西周最著名的有铭文玉器，戈长67.4厘米，最宽处10厘米，表面光润，呈灰白色，布有黑色斑点。直援，上刃作弧形，锋尖偏下，下刃平直，有一处小小的缺损。援本刻有交叉的细线纹，援中起脊，且做出上下刃援。

尤其是刻于援本一面的27字铭文，使得这件戈的身价倍增。铭文字很小，如粟米一般，作两行：

> 六月丙寅，王才（在）丰，令（命）太保眚（省）南或（国），帅汉，（出）寝（殷）南，令（命）（濮）侯辟，用髳，走百人。

圭　我国古代在祭祀、宴飨、丧葬以及征伐等活动中使用的器具，其使用的规格有严格的等级限制，用以表明使用者的地位、身份、权力。周代玉圭，以尖首长条形为多，圭身素面，一般长15厘米至20厘米。不同名称的圭是赋予持有者不同权力的依据。

■ 西周成组玉佩

礼玉礼用

夏商周玉文化

根据玉戈的纹饰风格及铸造技术，这应当是周初的作品，铭文中的太保应当是召公无疑。在文献记载中，召公与南国有着特殊的关系。这件器物应当是江汉开发的明证。

楚文化的勃兴，与江汉地区的开发密不可分。《诗经》"挞彼殷武，奋伐荆楚"，说明武丁时期中原势力已深入江汉。

西周玉器上的人身或象生器的眼睛，形式与商代特别是殷商时相似，亦惯用"臣"字目，但此时的"臣"字目与目纹的两侧眼角，有一段延长线纹。

此外，西周玉器饰纹，以龙纹、凤纹或人神纹为主，讲究纹饰的神秘威严，抽象变形和线条流畅等艺术效果。

阅读链接

1900年，八国联军攻打北京，慈禧置国家危难于不顾，带着光绪皇帝等人仓皇逃离北京。到达西安后，暂时安顿下来。岐山有位茂才武敬亭决定上书慈禧太后，请求在岐城西南八里之刘家塬修建召公祠，以保佑华夏子孙。

慈禧痛快地答应了。光绪二十八年，即1902年开始动工，在掘土的过程中，意外地发现了一座墓，当时的百姓一直流传是召公墓，但没有人能准确判断，这时太保玉戈就在这里出土了，当时共有两件玉戈，一件有铭文，另一件没有。"它器甚多，皆不名，又有金冠一枚"。

太保玉戈出土后到了金石家端方手中，后来端方家道中落，太保玉戈的命运也变得扑朔迷离起来。当时很多国宝都通过各种途径流失到了国外。太保玉戈也没有逃脱这样的命运，1919年流出国外。

太保玉戈几经辗转，流落到了美国，被华盛顿佛利尔美术馆得到，一直珍藏至今。

秦汉隋唐玉文化

玉堂金马

秦汉以后，加速推进着日益富足的社会经济，不断开创着新的玉器文化的繁荣，自此，我国玉器文化的体制和容貌固定下来。

我国的玉器自诞生以后，就不再是单纯的文化现象而首先表现为一种政治现象，这种现象持续到后世的隋唐时期甚至更晚。

隋唐时期国家强盛，经济发达。此时东西方有着政治、经济、文化方面的交流，外来文化进入我国，带来了许多新鲜的事物和观念。这也反映在玉文化的发展上。

秦代简单质朴的玉器珍品

秦帝国是我国历史上一个极为重要的朝代，由战国时代后期的秦国发展起来的统一大国，结束了自春秋起500年来分裂割据的局面，成为我国历史上第一个统一的、多民族的、中央集权制国家。而我国历史上第一个朝代的玉器文化也颇有自己的特点。

■ 秦代乳钉纹玉璧

■ 龙形玉佩

首先是秦朝的祭祀。以玉事天地、诸神、先祖，是玉最原始的作用，东周时代礼乐废弛，新兴阶级不断打破旧有秩序，经济与思想文化的发展也使原始神话遭到理性的排斥，所谓"子不语怪力乱神"。

祭祀都要用不同等级、数量的牺牲和玉器，所谓"牲牛犊牢具圭币各异"。《封禅书》对雍四畤的祭品记述甚详：

> 春夏用骍，秋冬用骝。畤驹四匹，木禺龙栾车一驷，木禺车马一驷，各如其帝色。

其次是玉石的佩带，以玉为佩的习俗由来已久，由于对玉的种种道德比赋，使得佩玉成为"君子"不可或缺之物，所谓"君子无故玉不去身"是对这种佩玉之风的总结。

从记载看，佩玉雕的人群很广泛，不但有"君

祭祀 华夏礼典的一部分，是儒教礼仪中最重要的部分，礼有五经，莫重于祭。是按照一定的仪式，向神灵致敬和献礼，以恭敬的动作膜拜它，请它帮助人们达成靠人力难以实现的愿望。祭祀有严格的等级界限。天神地祇只能由天子祭祀。诸侯大夫可以祭祀山川。士庶人则只能祭祀自己的祖先和灶神。

■ 秦代青玉蚕纹玉璧

蟠螭纹 又称"蛇纹"。以蟠屈的小蛇的形象，构成几何图形。有的作二方连续排列，有的构成四方连续纹样。一般都作主纹应用。盛行于春秋战国时期。商末周初的蛇纹，大多是单个排列；春秋战国的蛇纹大多很细小，作蟠旋交连状，旧称"蟠螭纹"。

子"，还有妇女，如《诗·郑风·有女同车》中说：

> 有女同车，
> 颜如舜华，
> 将翱将翔，
> 佩玉琼琚。

另外，以玉器作为礼尚往来的赠品在当时也非常流行，史籍与文学作品的有关记述表明，玉器不仅可以用于诸侯之间的交往，贵族间的婚聘，亲戚之间的礼赠，而且王侯将相常以之收买谋臣死士，说客也以之贿赂政要，打通关节。甚至恋人赠玉以传情，夫妻间亦以赠玉示恩爱。秦遗物中亦见一些古玉，有3类，即玉人、玉礼器和玉器皿。

秦朝玉器纹饰上的表现为一般所见的蟠螭纹，称为秦式龙纹，纤细的阴刻线条紧密勾连，没有层次，龙的头、羽、翼区分不明显。

秦朝玉器在器型上，一般墓葬的组合大多为璧、圭、玦、璜和串饰等简单的品类。同时，秦代偏好深色的青玉，应与秦人尚黑的习俗有关，依照传统五行之说，北方属水，代表色为玄，即黑色，色泽青黑的青玉正代表水的颜色，也契合了秦人尚黑的传统。

秦代墓葬中，如陕西省凤翔秦公一号大墓、宝鸡益门村二号墓的玉器遗物并不多,在器型、雕工、纹饰上较简单质朴,反映出秦代玉器工艺发展的不足。

而当时关东则相反,整体文化是尚礼的、内倾的,但却强调人性,精美的佩玉无疑是个人品格的标榜与个性之张扬,所以才会有艺术上百花齐放和思想领域的百家争鸣。

秦代和氏璧称得上是我国历史上最有传奇色彩的玉器,那么秦赵和氏璧之争也可看作是两种玉文化的激烈冲突。

卞和冒着生命危险所要保守的是对真玉的忠贞,各国对和氏璧的珍视主要是因为其上凝结的忠信仁义种种道德意义。

秦昭王闻赵得和氏璧,派人致书赵惠文王愿以15城易璧,赵国蔺相如的第一个反应是:"秦以城求璧而赵不许,曲在赵。赵予璧而秦不予城,曲在秦。均

■ 玉玺 "玺"是我国印章最早的名称。在秦以前,无论官印,还是私印都称"玺"。自秦代以后专指帝王的印。秦统一六国后,制定一系列等级制度,当时规定"朕"仅为皇帝专用,皇帝的印章独称"玺",其材料用玉。臣民只称为"印",并且不能用玉。汉代基本沿袭秦制,但制度已略放宽,也有诸侯王、王太后称为"玺"的。

> **蔺相如**（前329年~前259年），战国时赵国上卿，今山西柳林孟门人，官至上卿，赵国宦官头目缪贤的家臣，战国时期最著名的政治家、外交家。根据《史记·廉颇蔺相如列传》所载，他的生平最重要的事迹有完璧归赵、渑池之会与负荆请罪这3个事件。

之二策，宁许以负秦曲。"

又责问秦王："臣以为布衣之交尚不相欺，况大国乎！"这是典型的尚礼义的关东思维方式。

在秦国方面，一开始就是打算以"空言求璧"的，秦王拿到璧之后"传以示美人及左右"，意甚轻慢，不过将之作为一件稀罕物罢了，远没有对这一玉文化精髓重器的应有尊重，所以面对蔺相如"秦自缪公以来二十余君，未尝有坚明约束也"的指责也无言以对。

后来秦王眼见得璧无望，倒也想得开，厚礼送相如，并说："赵王岂以一璧之故欺秦邪。"他不理解对于关东诸国来说，像和氏璧这样的宝玉重器，是国家权力的象征，"守金玉之重"为人主之责，以之换土地倒也罢了，要是被骗去则大丢面子，是君辱臣死的严重事件，岂止"一璧之故"这样简单？

和氏璧最后还是落在了强秦手里，公元前237年，李斯在上《谏逐客书》中提到："今陛下致昆山之玉，有随、和之宝。""随、和之宝"，即指"随侯之珠"与"和氏之璧"两件当时著名的宝物。很有可能，赵国是在不得已的情况下，畏惧秦国

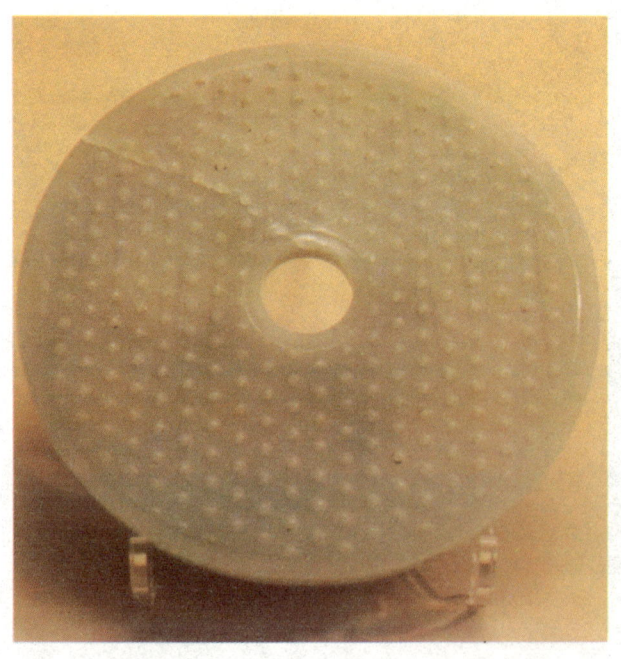

■ 秦国玉璧

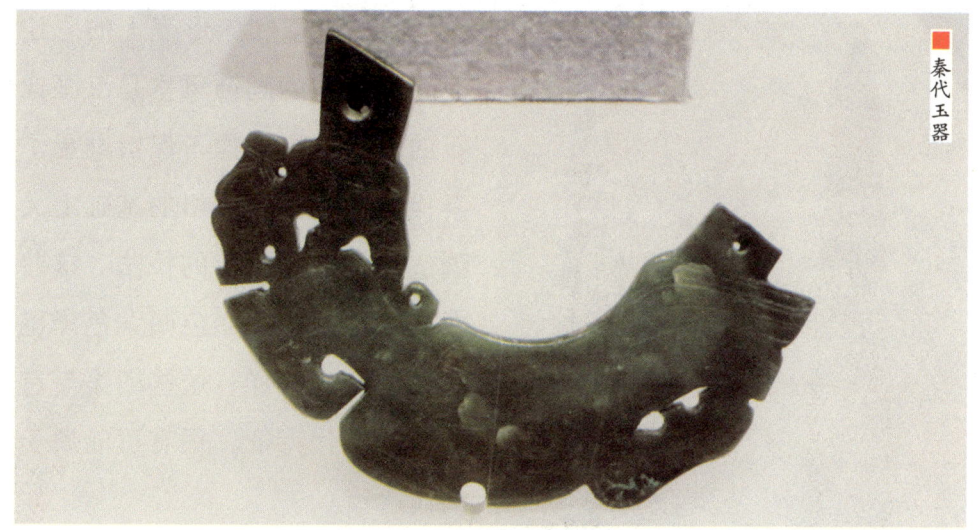

秦代玉器

的强大,将和氏璧送给了秦国。

秦始皇剖璧制"传国玉玺",一代名器就此而毁。就结果而言秦人胜利了,但"完璧归赵"的故事传颂千古。传说中起始于秦代的传国玉玺,上有八字铭文:"受命于天既寿永昌"。

秦朝是我国第一个封建制统一国家,但仅存在了十几年就灭亡了,流传下来的具有明确纪年的遗物很少。从零星发现的玉器来看,与战国精细做工的玉器区别不大,还未见代表性之作品。

但是,从战国时期开始人们对器物的颜色就已经很重视。以黄金包镶白玉以求艳丽斑斓的色彩美,在秦代逐渐流行,又在陶、铜等材质器物上涂漆饰纹,作为显示财富和地位的象征。

秦代又承上启下,在玉器上始创彩绘描画作纹装饰,给人们带来了视觉上的新冲击。漆绘玉器在古玉中是一个新品类,虽然历史暂短,还未来得及在社会上形成规模,即随着秦王朝的灭亡而终止,但它却同秦俑一样,在玉器艺术文化方面,也是众多奇迹和辉煌之一。

秦代玉器与其他玉器相比较,多大气磅礴、霸气十足。这与秦朝的精神和气质有关,战争与征服,好大喜功,造就了如此独特的秦玉文化,这一点同样反映在彩绘玉器上。

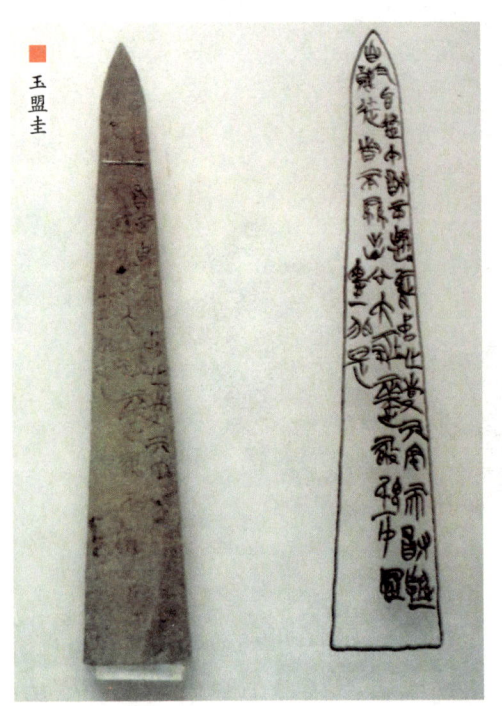

玉盟圭

如秦玉璧和鹅形壶上的彩绘人物、动物的画饰风格是汉画像石的前身，汉画像石保留继承了秦代的绘画艺术风格的基础上又创造出了自己独特的技法。这些秦玉器上存留的彩色图案色泽艳丽，像新的一样，这些图案带有明显的秦代特征，很有可能属于秦代遗珍。

秦代玉器彩绘多采用龙纹、凤纹和各种动植物纹样，把它们图案化，既有浓厚的装饰趣味，又能不失鸟兽活跃的特点，以及植物带给人们的勃勃生机。

由于艺术手法简练和概括，更加突出了各自的特点和个性。虽然是一件小小的彩绘玉器，却可以作为一件大型的优秀绘画艺术作品来欣赏。

秦代的绘画少有留到今天的，彩绘玉器正是所谓"地不爱宝"的一种偶然。同时，反映出在玉器雕塑、彩绘艺术上的成就非常惊人。

阅读链接

秦代动植物纹饰的表现手法，在玉器上有浮雕、圆雕、彩绘。浮雕在战国、秦代最盛行，采取现实主义手法，取材现实生活，以狩猎中常见的动物为主要描绘对象，它反映了秦人的经济生活中狩猎占有重要地位，以及皇家贵族的狩猎风俗。

秦代玉器圆雕动物种类繁多，主要有虎、鹿、兔、鱼、牛、马、犬、羊、鸟、鸽、蛇等，其中有些动物只是头部或身体的局部，或是完整的雕刻。

彰显王者之风的汉代玉器

汉代是我国大一统的封建盛世，强大的国力促使手工业生产亦相当繁盛，玉器在当时也攀上了古代玉器发展前期的最高水平。

公元前206年，秦王子婴在西安亲率臣下向汉王刘邦献玉玺、兵符并伏地称臣。至此，我国历史上第一个封建王朝秦，就如昙花一现般宣告了它的灭亡。

公元前202年，经过历时5年的楚汉战争，刘邦最终击败了西楚霸王项羽后登上帝位，史称汉高祖。

西汉王朝建立以后，我国的文化体制和容貌基本上固定了下来。我国的玉器自它诞生以后，就不再是单纯的文化现象而首先表现为一种政治现象。

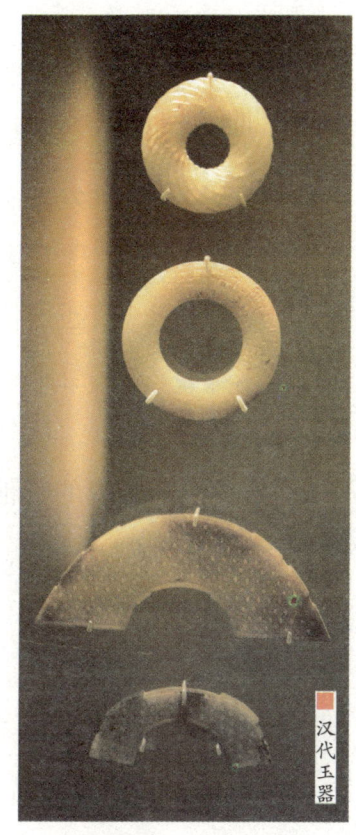

汉代玉器

■ 汉代玉璧

在西汉之初，就产生了汉皇后之玺，又称"吕后之玺"，其主人就是我国历史上第一位垂帘听政的皇后吕雉。

吕后是汉高祖刘邦之妻，名雉，从小就美丽聪慧，以果断和狠毒著称。刘邦战胜项羽建立汉朝后，封吕雉为皇后，史称"吕后"。

汉初，刘邦宠信戚姬，有废掉吕后另立新后的想法，吕后为了保住其皇后宝座，将皇后宝玺掌握手中，想了种种计策。她设计用竹剑刺杀了韩信之后，地位更加不可动摇。吕后前后掌权16年。吕后当时用来发布命令的，就是一块皇后之玺。

我国历代皇帝、皇后都拥有自己的玉玺，可是，真正留传下来的并不多，皇后之玺是两汉时期等级最高且唯一的帝后玉玺。

从外形和做工上看，这枚皇后之玺远远超过发现的其他汉代玉玺，皇后之玺为正方形，2.8厘米见方，通高2厘米，重33克，以新疆和田羊脂白玉雕成。玉色纯净无瑕，玉质坚硬致密，无任何受沁现象。

在我国传统文化中，玉被古人推崇备至，正所谓"金石有价，玉无价。"而和田白玉更是玉中的极品。

儒家 又称儒学、儒家学说，或称为儒教，是我国古代最有影响的学派。作为华夏固有价值系统的一种表现的儒家，并非通常意义上的学术或学派，它是中华法系的法理基础，是我国的基本文化信仰。儒家最初指的是冠婚丧祭时的司仪，自春秋起指由孔子创立的后来逐步发展到以仁为核心的思想体系。

此枚玉玺玉质之精美，螭虎造型之生动，玺文字体之规整大气，雕琢技法之娴熟，都是罕见的。

汉代的玉器主要分为5类：

一是礼玉类，有玉璧、玉圭、玉珍，也偶见玉环、玉瑶、玉琮之类，但已不作为礼器使用。

二是丧葬玉类，有玉相、玉衣、玉覆面、玉琀、玉握及九窍塞。这里所说的丧葬玉器是专指殓尸用玉器，其他所有随葬玉器不在其中。

三是装饰玉类，由于儒家学术走向正统地位，玉德思想盛行，极大地促进了装饰用玉的发展。

四是玉器艺术品类，以动物造型的玉器为主，有著名的玉奔马、玉舞人，还有玉熊、玉鸟、玉兽、玉蛙、玉狮、玉龙、玉虎等。

五是玉器实用品类，其中有饮食类的玉容器，说明汉代玉器开始踏上生活化、世俗化的道路，再一次迎来了我国玉雕艺术的春天。

汉代玉器的材质主要是软玉。汉武帝时，张骞出使西域，开辟了闻名遐迩的"丝绸之路"，新疆和田美玉沿着丝绸之路源源不断进入中原，使得玉器制作业得到极大的物质保证，开创了和田玉主导后代玉器

> 韩信（？－前196年），汉族，淮阴人，西汉的开国功臣，我国历史上杰出的军事家，与萧何、张良并列为汉初三杰，曾先后为齐王、楚王，后贬为淮阴侯，为汉朝的天下立下赫赫战功，是我国军事思想"谋战"派代表人物，被萧何誉为"国士无双"。

■ 皇后之玺

材质的历史潮流。

玉雕动物在汉代很常见。汉代玉器写实,一反平面雕刻,代之以立体圆雕,雕琢手法突出的是"汉八刀"和双沟碾法,又称"游丝毛雕"。"汉八刀"反映了汉代玉雕的简洁明快。

辟邪是传说中的神兽,汉代始流行于我国,古代帝王陵寝前常有大型石刻辟邪守护,汉代玉器也出现了辟邪形象。

汉朝统一以后,原楚文化中的鬼神迷信曾充斥于汉代的文艺创作之中。汉代文艺创作又借助于政治统一和经济繁荣的强大动力,推动着好巫信鬼习俗的广泛蔓延。这突出反映在各种随葬用玉和金缕玉衣上。

在汉代所有随葬玉器当中最具有典型意义的莫过于玉衣,充分反映出汉代宫廷和一般社会观念中,玉器仍然有着极其崇高的位置,这种玉器对汉代政治背景和意识形态可以作出很好的映照。

玉衣初兴于东周,盛行于两汉,终结于魏初。最著名、影响最大的金缕玉衣是河北满城中山靖王刘胜、窦绾夫妇墓中发现的两套。它们的用材选料、造型技巧、琢磨工艺及总体规格属我国历代帝王丧葬礼仪之中空前绝后之作。

刘胜的玉衣形体肥大,全长1.88米,用1100多克金丝连缀起2498片

■ 中山靖王刘胜墓出土的金缕玉衣

■ 汉代装饰类玉器

大小不等的玉片，由上百个工匠花了两年多的时间完成。玉片有绿色、灰白色、淡黄褐色等。用金丝将玉片编缀成人形，头部由头罩、脸盖组成，上身由前后衣片、左右袖筒及左右手套组成，下身由左右裤筒及左右足套组成，皆能分开。

玉衣内头部有玉眼盖、鼻塞、耳瑱、口琀，下腹部有生殖器罩盒和肛门塞。周缘以红色织物锁边，裤筒处裹以铁条锁边，使其加固成型，脸盖上刻画眼、鼻、嘴形，胸背部宽阔，似人之体形。

玉衣是汉代只有皇帝和高级贵族的殓服，而且按等级分为金缕、银缕、铜缕三等，规定只有皇帝的玉衣才用金缕，而中山靖王刘胜是诸侯王，竟然也使用了金缕玉衣。

窦绾的玉衣全长1.72米，由2160片玉片和700克金丝组成。这件玉衣的头部内也有用玉制成的眼盖、耳瑱、鼻塞和口琀。

玉衣之作最引人注目之处在于其浩大的工艺价值

辟邪 我国古代传说中的一种神兽，似鹿而长尾，有两角，也叫作貔貅。辟邪之义，是驱走邪秽，被除不祥。古代织物、军旗、带钩、印钮、钟钮等物，常用辟邪为饰，古代陵墓前常有辟邪石雕。辟邪神兽总称为符拔，一角为"天鹿"，二角为"辟邪"。

白玉双龙纹镂雕璧

和所谓的防腐不朽。

汉代的用玉理论在玉璧的使用方式之中得到了更充足的证明。

在汉代所有的随葬玉器当中，玉璧的作用显得非常突出，它的用量最多，含义也最复杂，在古代礼仪之中的悠久历史和包含的宗教内涵都是玉衣所难以企及的。而且，金缕玉衣也并没有能使它们包裹之中的尸体避免腐朽。

汉代玉器是我国玉文化史上的王玉时代，是皇室专用，赏玩佩戴主流群体是上层统治阶级，首先所体现的是王者之气韵，王者之气是威严，唯我独尊的霸气；御凤乘龙，遨游天际的超凡能力。

真正奠定汉代王者之风的玉器在我国玉器发展历史中地位的，是汉代玉器中最为常见的龙、凤题材作品。在汉代早期玉器作品中龙凤造型已达到了传神的境界。

汉代龙凤玉器造型上，经常看到有一龙仰天长吟，一凤回首相和；或一大螭龙穿云而出，一小螭龙环绕凝视。这样的构成，区别于原有传统造型中左右几乎为镜像的那种静止的对称。也就是我国古人称谓的"象外之象"的意境，从而达到更高境界的一种平衡。

龙凤玉器的细部刻画上，眼珠凸起明显并有夸张感。上眼睑凸起，往上平缓过渡，眼皮与眼睛结合部边缘陡立，增添几分威严感；下眼睑短且围绕在眼球下半圈，并且凸起，向下平缓过渡。

这种雕琢手法使得眼部的高低落差明显，轮廓线明显，增强立体效果。看上去自然有一种眼神凌厉、不怒自威的感受。透过表象的塑造，蕴含的是一种威仪不可轻的意味。

而且，龙凤玉器上所雕的龙凤都嘴型大张，龙的牙齿与嘴的接合部用圆弧线勾勒，齿尖弯曲锐利。这种雕琢手法还同样运用在龙、凤的指爪部位。指端粒粒饱满，充满力量，指尖内弯，尖锐如钩。

关节转折部位雕琢同样如此，强化了线形表现的立体感，同时线本身圆中有方，用直砣线一点一点地接转过来，显得更为硬朗，虽然有砣线接转的毛糙感，却更好地凸现出力度来。

古代玉工认识及掌握美学要素的深度令人叹服。整体构图的特点是：主次分明，张弛有度，疏密得宜，极有动感。镂雕技术与"游丝毛雕"的线刻技法有机地结合；龙、凤肢体的边缘用小弧面过渡，颇显浮雕感；阴刻线的表现细若游丝，弧线部位转折流畅，张力饱满，线断却神不断；既气宇轩昂又优美流畅，实属汉代古玉难得之珍品。

阅读链接

汉代玉器是王玉的典范，以龙凤为题材的玉器作品的神韵又是汉代玉器中最具代表性的，此后"龙凤文化"成为中华民族的精神象征。

在鉴赏玉器时，一定要以王者的视角来体会其中的神韵，感受唯我独尊的霸气，舍我其谁的勇气，天地四方的博大。这种气质是后世难以比拟的。即便科技进步，工具发展，工艺先进，可这种气韵却似凝固在那个历史时期。

后世从宋代就开始仿制，直到清代以倾国之力来模仿，或现在利用高科技手段来仿做，唯有貌似却难有神似。因此汉代玉器的那种神韵留给我们的是无限的遐想和敬仰。

开创全新局面的隋唐玉器

两晋南北朝时期，我国社会处在一个南北分裂、动荡不安，战乱频仍的大环境下，整个社会的发展受到极大的影响和限制。在这样的社会条件下，玉器的发展同样受到了抑制。尤其是魏文帝下令禁止使用玉衣，致使葬玉一落千丈。

从墓葬发现玉器情况来看，大部分仅有简括的玉猪、玉蝉之类的玉雕，而且仅在有限的范围内存在，已不见各种玉用具和玉佩饰出

■ 唐朝玛瑙花瓣盏托

现，说明此时无论是玉器的加工制作还是社会保有量都大大减少。

南北朝时佛教传入我国，故这一时期出现用于佛教方面的玉器，主要是各种佛像，民间以曲阳白石和黄花石造"玉佛"供养。

隋唐是我国封建社会的两大强盛帝国。这也反映在玉器文化的发展上。隋朝历史很短，但却是一个承前启后的朝代，为大唐帝国的创建铺平了道路。在玉器史上，隋代玉器工艺不曾有什么独特的建树，却为一个新的玉器时代拉开了序幕。

■ 隋代镶金边玉杯

著名的隋代玉器是镶金边白玉杯，发现于陕西省西安市李静训墓，高4.1厘米、口径5.6厘米、底径2.9厘米。此杯为直口平唇，深腹，下有假圈足，平底实足。口部内外镶金一周，金沿宽0.6厘米。

杯用白玉制成，保存完整，造型、制作均很精美。从这件镶金边白玉杯看，隋代已有了很精湛的玉器制作技术。

隋代玉器的品种新出现的有玉铲形佩、玉双股钗、玉嵌金口杯和玉兔等近10种。无论是已有或新出现的玉器，其用料和局部结构形式等方面则有很大的

魏文帝 即曹丕，三国时期著名的政治家、文学家，曹魏的开国皇帝。曹丕文武双全，8岁能提笔为文，善骑射，好击剑，博览古今经传，通晓诸子百家学说，于诗、赋、文学皆有成就，尤擅长于五言诗，与其父曹操和弟曹植，并称"三曹"。

■ 青玉七梁发冠

不同。如玉兔，是和田羊脂白玉圆雕而成，通体光素无纹，两侧腰有一横穿圆孔，以供佩系用。

隋代双股玉钗，一改以往以单股为钗之式，对其后唐宋的玉钗式样制作和使用具有重要影响。

隋代玉器虽然品种和数量不多，但都是用优质青白和田玉制作，这与战国以前和魏晋南北朝玉器用料较杂、使用优质和田玉较少的情况形成鲜明对比。

受到波斯文化的影响，隋唐玉器上出现了一些新的造型和图案。佛教题材玉器有飞天，肖生玉有立人、双鹿、寿带、鸾凤等，都受到当时绘画与雕塑艺术的影响。

隋唐时期，达官贵人身着佩玉，尊卑有序。《隋书·礼仪表七》记载：

> 天子白玉，太子瑜玉，王玄玉，自公以下皆苍玉。

陕西省泉县兴隆村唐越王李贞墓发现玉佩6件，2件较大，一件为上窄下宽，上饰云形边，两侧连弧形，底边平直，上有一孔；另一大件作云头形，上下两边各

飞天 意为飞舞的天人。在我国传统文化中，天指苍穹，但也认为天有意志，称为天意。在佛教中，娑婆世界由多层次组成，有诸多天界的存在，这些天界的众生为天人，个别称为天神，天即此意。飞天多画在佛教石窟壁画中。飞天原是古印度神话中的歌舞神和娱乐神，他们是一对夫妻，后被佛教吸收为天龙八部众神之内。

有一孔。另外4小件有璜形与云头形，上下两边各一孔，为一组佩饰，青玉，光素无纹。

在陕西省西安唐大明宫遗址发现一件白玉嵌金佩饰，应为皇家用品，此为片状近三角形，底边平直，顶尖有一小孔，两腰为三连弧形，正面镶勾连云纹金饰，纹饰流畅，金玉辉映，玉质洁白无瑕，晶莹光润，显得富丽堂皇。

唐代的玉佩多为光素无纹，说明在春秋战国到汉代极为盛行的佩玉，到唐代已失去它的光辉，正在走下坡路。同时，隋唐时玉器加工技艺已趋成熟，砣法简练遒劲，突出形象的精神和气韵，颇有浪漫主义色彩。尤其是立体肖生形象的肌肉转折处理，能收到天然得体的良好效果。

隋唐时期已普遍采用产自西域的和田玉，和田玉温润晶莹的特性在各种玉雕人像、动物造像中也得到了充分的体现，从而使形象美与玉材美和

唐代玉饰

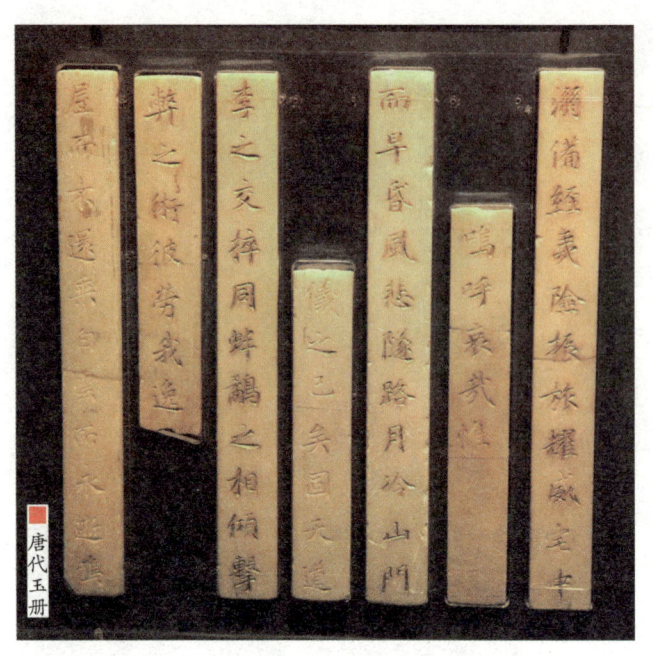
唐代玉册

谐地融合为一体，提高了玉器的艺术性和鉴赏性。

隋唐玉器在装饰材料上，金玉并用，色泽互补，金相玉质，形成隋唐玉器绚丽多彩的面貌。在玉器上出现黄金饰件，始见于战国至汉代，当时的黄金饰件主要起垂勾之用，如金链串玉佩、玉带钩等。隋唐用黄金饰玉，虽然也起特殊的功能作用，但主要起装饰之用。

隋至盛唐玉器，不论是简练还是精琢，其处理都恰到好处，均可达到气韵生动的艺术境界。

唐代玉器旧的礼仪玉退出舞台，出现新的礼仪玉，已不用周代的琮、璧等"元器"，只有禅地玉册与哀册两种。禅地玉册呈简牍状，多五简为一排，以银丝连贯，册文作隶书。

泰山脚下的嵩里山上有座阎王庙，庙前有座文峰塔，在塔的原址上发现5种颜色的土，五色土呈方形，中间为黄色，四周为红、白、青、黑色。

原来，古代皇家祭祀时，要在社稷坛的坛面上铺设五色土，5种颜色的土在安排上也有讲究：黄土居中，代表统治者的最高权威，东西南北依次为青白红黑，象征四面八方对皇帝的辅佐，也有"普天之下莫非王土"的寓意。

就在五色土下面，发现了两个金盒，里面整齐地摆放着两卷玉片，一卷由16块长方形的玉简组成，另一卷则由15块玉简组成，玉片晶莹剔透，上面都刻有文字，字体端庄清秀。

据考评，两卷玉册第一卷是唐玄宗李隆基的封禅玉册，另一卷是宋真宗赵恒的封禅玉册。

玉哀册是帝王下葬时的最后一篇悼文，是称颂帝王功绩的文辞。玉哀册呈扁平片状，但均较宽长，表面磨平，正面刻楷书文字，背后顺序编号。

唐代玉器的品种式样几乎是全新的。即使名称仍如前期，但形式也是各不相同，作用也较单纯，多数与实用和佩戴有关。

汉魏时期曾有回光返照的礼器和盛极一时的葬玉几乎消失。所见者主要有作佩饰用的玉簪、玉镯、玉带板、玉人神仙佛以及作实用的玉杯等器具。

在陕西省西安市南郊何家村发现的唐代镶金兽首玛瑙杯，高6.5厘米，长15.6厘米，口径5.9厘米，选用的材料是一整块世间罕有的带条纹状的红玛瑙，玛瑙两侧为深红色，中间为浅红色，里面是略呈红润的乳

简牍 我国古代遗存下来的写有文字的竹简与木牍的概称。用竹片写的书称"简策"，用木版写的叫"版牍"。超过100字的长文，就写在简策上，不到100字的短文，便写在木版上。写在木版上的文字大多数是有关官方文书、户籍、告示、信札、遣册及图画。

■ **唐兽首玛瑙杯** 又称镶金兽首玛瑙杯、兽首玛瑙杯。1970年西安市南郊何家村出土，长15.5厘米，口径5.9厘米。选材精良，巧妙利用玉料的俏色纹理雕琢而成。杯体为角状兽首形，兽双角为杯柄。嘴部镶金帽，眼、耳、鼻皆刻画细微精确。是唐代中外文化交流的产物。

唐代玉卧马

白色夹心，色彩层次分明，鲜艳欲滴，本身就已是极为罕见的玉材。

此杯为模仿兽角形状，口沿外部有两条凸起的弦纹，其余的装饰重心均集中于兽首部位。兽作牛首形，圆睁双目，眼部刻画得形态逼真，炯炯有神，长长的双角呈螺旋状弯曲着伸向杯口两侧，双耳硕大，高高竖起。兽嘴作镶金处理，同时也是作为此杯的塞子，双唇闭合，两鼻鼓起，就连唇边的毛孔、胡髭也刻画得细微精确。

这种角杯实际上源于一种被西方称为"来通"的酒具，这种造型的酒具在当时中亚、西亚，特别是萨珊波斯的工艺美术中是十分常见的。因此，这件玛瑙杯很可能是由唐代工匠模仿西域传来的器物所制作的。它是唐代与西域各国文化交流的重要佐证。

唐墓中常发现妇女化妆盒，如有一海棠形玉粉盒，最长5.5厘米，最宽4厘米，高不到1厘米。有盖，子母扣，盖面隆起，面阴线雕刻花朵与盒形相应，简单明快，可谓万紫千红玉为先。

在陕西省西安市南郊何家村发现的除镶金牛首玛瑙杯外，还有刻花白玉羽觞、玛瑙羽觞、水晶八瓣花形长杯等。造型奇特，线条流畅，选料精美。

玉簪自新石器时期出现就一直未断，但隋代以前皆为单股形，自唐代始，除隋代始见的双股钗和最早出现的单股钗仍制作使用外，又新出现一种簪头部分为玉制、宽薄片状，簪身为金银质的复合式簪。

玉梳始见于殷商，此后各代每有所见，唯早期多呈圆首圭形或长方形。及至唐代，这一形式已消失，新出现的有宽长半月形。

玉梳有两式：一式为整体都由玉料制作，半圆形，上端为梳柄，下端为梳齿，整体用一块玉制成，它与前期玉梳相比，齿牙加宽并变短，从而更方便使用。另一式玉梳也如玉簪，即一部分为玉质，另一部分为金银等金属，金属质作梳齿且多已无存。

唐代玉镯很罕见，所见一对玉镯由3段玉质呈扁弧形或璜形器再用黄金包嵌为镯。

我国古代衣着特点之一是穿长衫，腰部需用大带束住。唐代开创的按官级高低佩带的玉器服饰玉带富有时代特征，是一种"等级贵贱"玉器，是我国封建社会的首创。

羽觞 又称羽杯、耳杯，是我国古代的一种盛酒器具，器具外形椭圆、浅腹、平底，两侧有半月形双耳，有时也有饼形足或高足。因其形状像爵，两侧有耳，就像鸟的双翼，故名"羽觞"。羽觞出现于战国时期，一直延续使用至魏晋，名称逐渐通俗化为"耳杯"，其后逐渐消失。

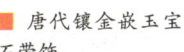
■ 唐代镶金嵌玉宝石带饰

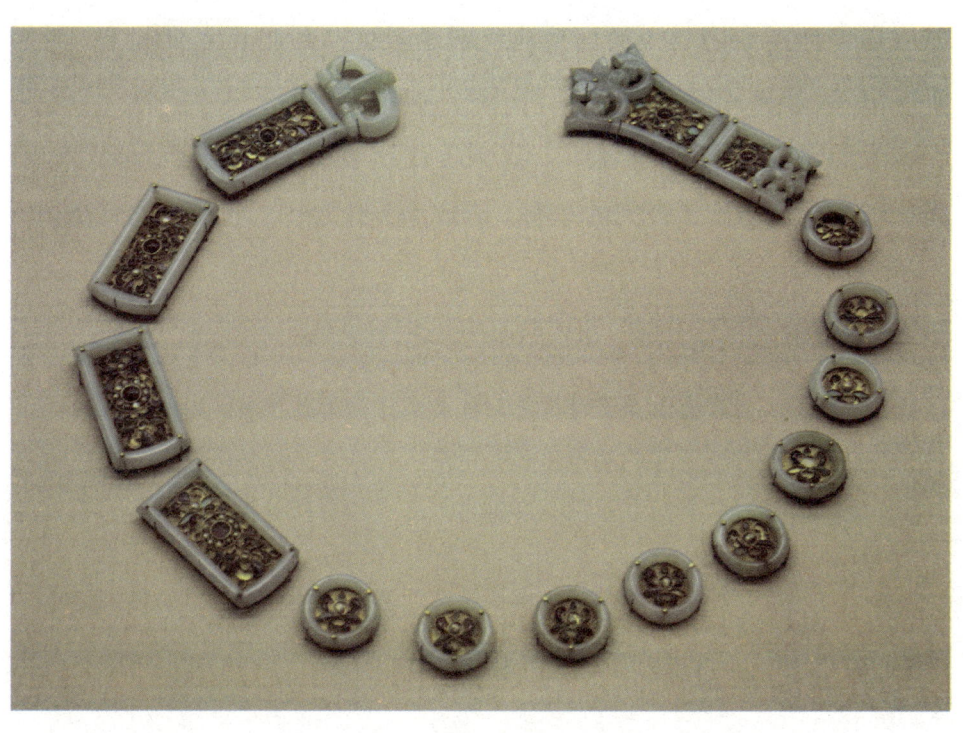

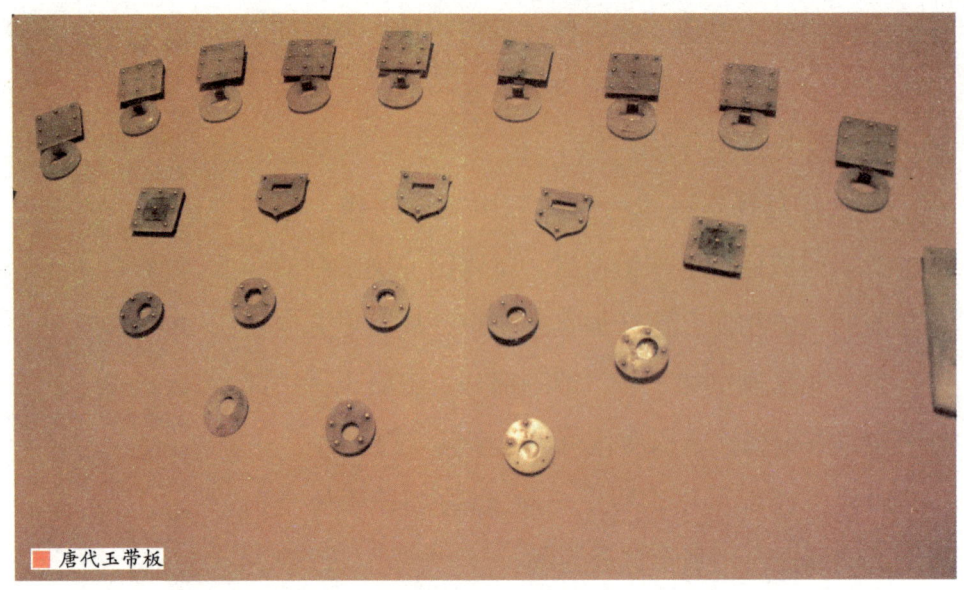

■ 唐代玉带板

用玉带銙的佩带形式来象征官位及其权力,一般三品以上文武官员方许佩用,其规范化与制度化,是我国古代礼仪玉器中的重要发明和创新。

唐代玉器的制作和刻纹的表现手法在局部也有很大的发展变化。其中以整体图案隐起,又称挖地或剔地阳纹,再在其上加阴线,局部细纹法尤为突出。

晚唐及至五代十国时期,我国再度出现分裂,社会经济严重萧条,玉文化也受到了极大的影响,表现为五代十国的玉器少之又少。

阅读链接

唐代玉器玉料精美,种类多样,工艺精湛,内涵丰富,以超凡的文化艺术品质在我国悠久的玉文化历史上留下了光辉灿烂的一页,并为后人进行中华玉文化的跨文化研究奠定了第一块基石。

其后,清代康乾盛世时,巴基斯坦及南亚玉器的传入,可以认为是唐代玉器引入外来文化艺术成果的延续与发展。

玉国之盛 — 宋元明清玉文化

宋代玉器承前启后,玉器画面构图复杂,有浓厚绘画趣味,完成了唐玉由工艺性、雕塑性向宋玉的绘画性、艺术性的转变。

元代玉器继承了宋玉的造诣和风格,但没有将其推向新的高峰,元代除碾琢礼制用玉之外,还广泛地用于建筑和家具。

明、清玉器渐趋脱离五代、宋玉器形神兼备的艺术传统,形成了追求精雕细琢装饰美的艺术风格。同时,古玩商界为适应收藏的社会风气,还大量制造了伪赝古玉器。

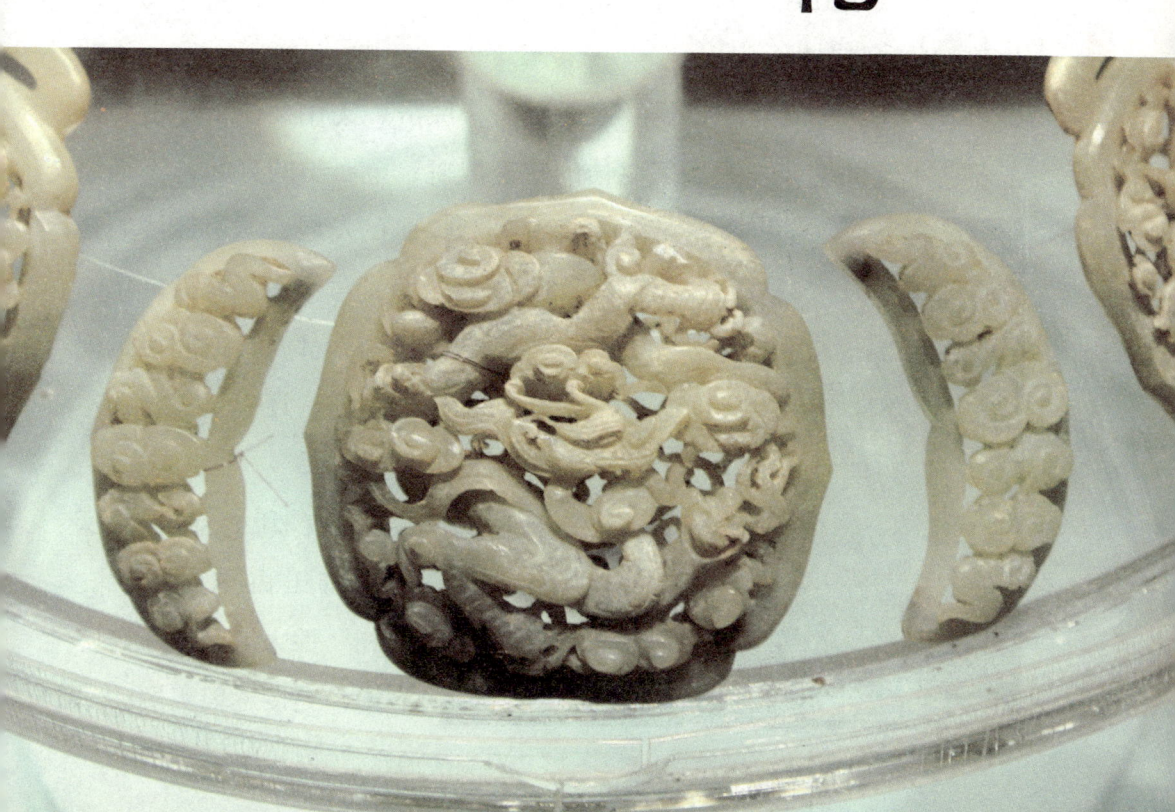

形神兼备的宋辽金玉器

960年至1234年的274年间,是我国历史上宋、辽、金的对峙分裂时期。宋代承五代之余,虽不是一个强盛的王朝,但在我国文化史上却是一个重要时期。

宋、辽、金既互相挞伐又互通贸易,经济、文化交往十分密切,玉器艺术共同繁荣。宋徽宗赵佶的嗜玉成癖,金石学的兴起,工笔绘画的发展,城市经济的繁荣,写实主义和世俗化的倾向,都直接或间接地促进了宋、辽、金玉器的空前发展。

宋、辽、金玉器实用装饰玉占重要地位,"礼"性大减,"玩"味大增,更接近现实生活。

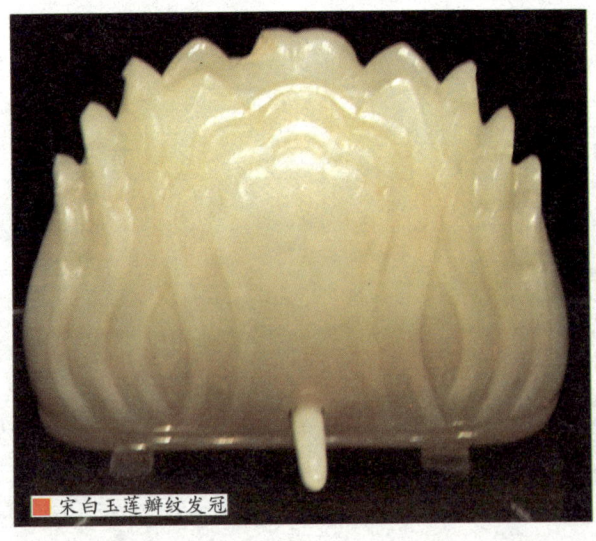
宋白玉莲瓣纹发冠

■ 南宋青玉螭纹璧 璧内外施压边线，器物肉部阴刻三螭环璧。螭首呈三角形。额阴刻两条纹，脊柱线顺螭身作S形曲线，璧反面光素无纹。玉雕刻螭纹主要始于元代，在宋代出现这样的作品十分少见。

宋代是一个手工业和工商业空前发展和兴盛的时代，国富民强，文化发达，雕版活字印刷普及，理学、书法、制银、瓷器等都得到很大发展。

此时期的玉器正处在一个承前启后的转折阶段。两宋玉器承袭两宋画风，通常画面构图复杂，多层次，形神兼备，有浓厚绘画趣味，完成了由唐玉偏重工艺性、雕塑性向宋玉偏重绘画性、艺术性的转变。

宋徽宗赵佶嗜玉成癖、爱玉如命，他虽然不是一个好皇帝，但却是个出色的艺术家，因其爱好艺术，所以此时的皇家用玉品种丰富多样，佩饰类有玉束带、玉佩，用具有玉辂、玉磬，礼器有玉圭、玉册等。内廷专设有玉作，玉料由西域诸国进贡。

民间用玉也较前朝为盛，大量出现各种玉佩饰、玉用器。同时，宋代出土前代古玉增多，滋长了仿制古玉之风，周汉间的古物大量出土，朝廷及士大夫热衷于收集、整理、研究古物，形成一门新的学科，即金石学。

金石学的形成，兴起了集古玉的热潮，为满足社会需要，宋代仿古玉大量涌现。皇家、官僚及民间均风行收藏古玉，古董行开始出现伪造或仿造古玉之风气。因此，宋玉又可分为古玉、时作玉、伪古玉和仿古玉。

莲花人物玉佩

五代 即五代十国。唐朝灭亡之后，在中原地区相继出现了定都于开封和洛阳的后梁、后唐、后晋、后汉和后周5个朝代以及割据于西蜀、江南、岭南和河东等地的十几个政权，合称五代十国。因此五代十国并不是指一个朝代，而是指介于唐宋之间的一个特殊的历史时期。

宋代仿古玉器兴起，仿战国、两汉的玉璧开始出现，但在雕刻刀法上又有所不同。宋代的雕刻工具多是用砣子制作的，因此有砣制的痕迹出现。

此时期玉璧虽仿于古型，但同时也体现了许多当时琢玉的做法。玉璧形体浑圆，边沿呈圆形转角，不见锋棱，所仿谷钉稠密模糊，动物纹饰和造型在细部常有明显不同。

有一件黄玉龙纹璧，直径7.6厘米，多褐色沁，阴刻龙纹，刻工遒劲粗犷，曲线跌宕起伏。

两宋及其同期或稍后的辽金玉文化去除了隋唐五代繁杂的外来文化因素，又继承和发展了隋唐玉文化的市俗化、艺术化特色，特别是融会了两宋绘画的特点和技巧。而且，玉器作为特殊商品，逐渐进入了流通市场，更促进了这一时期玉器向市俗化方向发展。

宋代肖生玉在崇尚写实主义的影响下追求形体及运动的准确表现，以显示其内心世界。花鸟玉佩多做隐起、镂空的对称处理，富有生活气息，双勾的经文诗词等铭刻玉器盛极一时。

宋代玉器市俗化的倾向与民间琢玉的勃兴以及商品经济的发展是休戚相关的。民间琢玉主要的消费对象已不完全是宫廷高官贵族和文人雅士，还有对玉十分迷恋的普通百姓，因此，宋代出现了能满足平民需要的市俗化题材玉器。

宋代实用玉器皿不仅比唐代品种多，数量也多。文房玉具，已不再仅仅是文人把玩的玉件，还有可供文人书写的实用玉具。

宋代传世古玉较多，如白玉夔龙把花式碗、白玉云带环、白玉镂空松鹿环饰、青玉镂空龟鹤寿字环形饰、白玉镂空双鹤佩、白玉孔雀衔花佩、青玉镂空松下仙女饰、青玉卧鹿、黄玉异兽和白玉婴等，都是宋代玉器中的"佼佼者"。

宋代传世宫廷铭刻玉器中最重要的一件是般若波罗蜜多心经玉子，系八角管状，高仅5.9厘米，宽1.5厘米，中穿孔，便于系佩，阴勒双钩经名、经文、译者、纪年、作坊等16行，292字，每字比芝麻粒还小，笔道比丝还细，篆工纯熟，书法遒丽，末二行落款为"皇宋宣和元年冬十月修内司玉作所虔制"，可知系内廷玉作碾治，供皇族佩戴。

再如白玉双立人耳礼乐杯，高7.5厘米，外口径11厘米至11.4厘米，足径4.5厘米。杯白玉制，圆形，口微外撇，壁较厚。内壁凸雕32朵云纹，外壁饰礼乐图，凸

■ 宋代云龙佩 宋代白玉，长方形，片状透雕。龙昂首，挺胸，曲身并没有上扬为降龙，一爪在前，三爪在后，尾与后腿相交，宝珠琢雕在龙首上方，素身上阴刻几组火焰纹，四周采用减地法琢雕大片花式朵云，佩的边饰打磨平整。

雕10人，或持笙、笛、排箫、琵琶等乐器演奏，或歌唱。杯两侧各雕一立人为耳，其人手扶杯口，足踏云朵。

还有玉环托花叶带饰，直径6.5厘米，白玉制作，表面有褐色斑。圆形，多层次，下层为一圆环，上层镂雕花卉，似为百合，中部两朵花交错，周围饰叶、花，叶上用深、浅两种阴线表现出花叶的筋、脉，图案简练紧凑。左侧近环处镂一孔，以备穿带。

此带饰的图案为典型的宋代花卉图案，主要特点为花叶简练紧密，花及叶的数量不多，用大花、大叶填满空间，图案表面少起伏，叶脉以细长的阴线表现，在透雕的表现方法上注重图案的深浅变化而无明显的层次区分。

西周以后鱼类玉器数量锐减，唐代又有恢复，宋代佩鱼之风又盛，出现了较多的玉鱼，样式、种类不一，或与荷莲、慈姑相伴，或仅单条鱼，或无鳞，或饰横向水线，或饰网格纹。荷花与鱼相并含有连年有余之意，是吉祥图案的一种。

如宋代玉鱼莲坠，长6.2厘米，宽4厘米，厚0.6厘米，玉色白，表

宋代花果佩

▪ 宋代孔雀衔花玉佩饰

面有赭黄色斑。鱼小头,长身,无鳞,鱼身弯成弧状,昂首,尾上翘,鳍短而厚,共6片,其上有细阴线。鱼身旁伴一荷叶,长梗弯曲,盘而成环,可供穿系绳。

花鸟类玉器在宋、辽、金时期比较多,其中不乏鸟翅一只伸开,另一只下折的造型,这种鸟衔花玉饰是宋代较流行的样式。

如玉孔雀衔花饰,长7.6厘米,宽3.8厘米,花饰玉色青白,有赭色斑,为半圆形玉片,其上透雕孔雀衔花图案。图案主体为孔雀,孔雀回首,拖尾,展翅,口衔花枝,枝上有花两朵,品种不同。此件作品较一般宋代花鸟玉佩更为精致,据其形状,可能是一种嵌饰。

北京房山石棺墓也发现有孔雀形玉发饰,孔雀尾端带有半月状透空孔洞,同此件作品尾部表现相同。

连年有余 人们的美好愿望,也是许多民间艺术的表现主题,民间年画、剪纸、玉器中都有这类题材,采用谐音寓意,属于吉祥寓意的表现形式。主要以鲇鱼作成装饰纹样,"莲"是"连"的谐音,"年"是"鲇"的谐音,"鱼"是"余"的谐音。

辽金玉器也是由汉族玉工碾成，但其题材却富有边疆民族特色和游牧生活气息，以契丹、女真两族生活为主题的春水佩和玉秋山为其杰出代表，均有着形神兼备的艺术造诣。

辽是我国东北辽河流域由契丹族建立的地方政权，907年由耶律阿保机创建，其疆域控制整个东北及西北部分地区。

虽然辽是由一个较为落后的边疆民族建立的地方政权，政治、文化较为低落，但长期与汉族比邻，并受先进中原文化的影响，故在文化及用玉制度上，均受唐宋文化的影响，朝廷用玉甚至更广于唐宋，规定皇帝系玉束带，五品以上官吏系金玉带。

辽的玉器制度，除脱胎于唐风外，也有其自身特点，比如用玉上，崇尚白玉，尤其推崇和田白玉。同时契丹贵族金银玉互用，把这些价值连城的佳材融为一体，制成精美绝伦的工艺品，既反映契丹族的工艺水准，同时又折射出契丹贵族奢侈的生活。

玉带板是辽代重要的朝廷用玉，其特色是定数不一，厚薄略有出入，多光素无纹，四角常以铜钉铆在革带上。辽代肖生玉器以动物造型为主，植物和几何造型很少，这可能与契丹以游牧经济为主，长期与动物为伍有关。

金所处的年代是和南宋相对峙的特殊年代，同时

■ 辽代实心白玉壶

契丹 中古出现在我国东北地区的一个民族。自北魏开始，契丹族就在辽河上游一带活动，唐末建立了强大的地方政权，907年建立契丹国，后改称辽，统治我国北方，辽朝先与北宋交战，"澶渊之盟"后，双方长期维持了100多年的和平。辽末，女真族起事，1125年为金所灭，余部建立了西辽王国，延续了93年。

又是北方少数民族，因此具有浓郁的时代特色与民族风格。

金代玉器之所以繁荣，一是由于女真族在契丹辽及北宋地区大量掠夺珍宝，刺激了金代玉器的发展；二是学习先进的中原文化，促进了玉器的发展；三是金代有较为充足的玉料、玉匠，加速了玉器的发展。

金代玉以回鹘贡进或通过西夏转手得到新疆玉。为了确保玉材的使用，金规定朝廷多用和田玉琢制，祀天地之玉皆以次玉代之。金在扩张过程中，俘虏了大批玉匠，有的原在辽境内，有的直接从北宋境内掳掠而来。

"春水玉""秋山玉"是金的代表作。契丹、女真均是北方游牧民族，渔猎经济占主导地位，春水、秋山原为契丹族春、秋两季的渔猎捺钵活动。所谓捺钵，即契丹族本无定所，一年之中依牧草生长及水源供给情况而迁居，所迁之地设有行营。

女真族建立新政权后，承袭了契丹的旧俗，狩猎于春秋的娱乐活动，并将捺钵渔猎活动改称为"春水""秋山"。

常见的"春水玉"表现为残忍场面，通常是海东青捉天鹅图。海东青是一种神鸟，又名鹰

> **女真** 又名女贞、女直，满族、赫哲族、鄂伦春族等的前身。6世纪至7世纪称"黑水靺鞨"，完颜阿骨打建立了金朝，统治我国北方100多年之久。1636年，皇太极改女真族为满洲，女真一词就此停止使用。

■ 金代玉簪

玉国之盛　宋元明清玉文化

鹘、吐鹰鹘，主要生长于黑龙江流域。它体小机敏，疾飞如电，勇猛非凡，自古以来深得我国东北各民族的喜爱，有专人进行驯养，用以捕杀大雁及天鹅。

有件玉海东青啄雁饰，直径7厘米，厚2.1厘米，玉饰分为上、下两部分，下部为圆形，上部雕海东青啄雁及荷叶图案。海东青体小而敏捷，腾空回首，雁于海东青身下，回首与其对视，欲逃不能，身傍荷叶，一荷叶束而未张，一荷叶张而卷边，表明大雁已被迫降至荷塘，难寻生路。

此玉饰两侧各有一椭圆形隧孔，可穿带或套入钩头，表明此物是一种用于人身的带饰。

秋山玉是表现女真族秋季狩猎时射杀鹿的情景。在金代，秋捺钵也称伏虎林。在雕琢技法上，常留色玉皮作秋色。

在表现手法上，秋山玉有繁、简之分，场面不像春水玉残酷无情，而是兽畜共处山林，相安无事，一幅世外桃源的北国秋景。

嘎拉哈玉玩具，也是一种充满女真民族情趣的玉具。玉嘎拉哈是女真贵族儿童的玩具，中间有一穿孔，可随身佩戴。玉形似羊或狗的髌骨，类似汉族童子玉坠，似有希冀少年福祉不断之意。因是羊或

金代仙人贺寿山子

狗之骨，是北方主要供食用动物之骨，长年佩戴，具瑞祥之兆。

金人常服玉带为上，庶人禁用玉。金代女真族佩戴玉较为普遍，其时称作"列"，多作腰佩。金代佩饰玉以花鸟纹为主。金代花鸟形玉佩，多作绶带鸟衔花卉纹。

因"绶"与"寿"字

金代鹿纹玉饰件

谐音，故寿带鸟是福寿的象征，绶带鸟衔花卉纹，寓意春光长寿，勃勃生机。

而龟巢荷叶也是金代另一重要玉佩，是寿意类。

金代玉佩的一个重要特点，是其艺术不是孤零零地表现一个物体或一种动物；而是花与鸟、龟与荷叶、鱼与水草相辅相成，动静结合，表现出周围的环境特点，富有生活气息。

阅读链接

宋、辽、金都出现了前所未见的有情节、有背景的景观式构图，以镂空起突等法碾琢的悬塑性或立体的肖生玉器。

它是这一时代玉器的新兴形式，有着鲜明的时代特点，还出现了受道教影响的神仙题材和"龟游"一类祥瑞玉器。

总之，此时期玉器的特点是：玉如凝脂、构图繁复、情节曲折、砣碾遒劲、空灵剔透、形神兼备，是我国玉文化的第二个高峰期。

大气精致的元代玉器

元代除碾琢礼制用玉之外，还将玉材广泛地用于建筑和家具，玉器应用范围扩大，数量有所增加。内廷的制玉机构及碾玉作坊规模空前庞大，元代内廷与官办玉器手工业特别发达。

元代玺印

■ 元代白玉龙穿花佩件

元朝将首都迁至大都，入主中原后，由于受金文化和汉文化的影响，元朝琢玉业得到很大发展。因为承袭金与南宋的官办玉艺的既成布局，大都和杭州遂成为两大玉器工艺中心。

元朝的琢玉业有很大发展，首先是接受了汉族传统的爱玉风尚，近取金宋、远法汉唐。其次继承宋金传统琢法技艺。元朝政府网罗掌握了大量的工匠，使之官办手工业生产。

同时，元代沿用宋金玉器传统题材，花卉纹的延续，螭虎纹的再兴，春水玉、秋山玉的进一步世俗化。虎纹是龙子之一，始见西汉，历代虽有雕琢，但用得均不多，元代螭虎纹不仅应用得多，而且非常成功，并创造出元代的风格。

元玉器中有两种是与蒙古族相联系的，一是玉押，供签署公文、告示之用，一品高官方可使用，十

大都 或称元大都，蒙古人称"汗八里"，意为"大汗之居处"。其城址位于今北京市市区，北至元大都土城遗址，南至长安街，东西至二环路。约1267年开始动工，历时20余年，完成宫城、宫殿、皇城、都城、王府等工程的建造，形成新一代帝都。1368年，为元朝国都。

分珍贵；二是玉帽顶，曾召西域国工碾治玉九龙帽顶，螭、虎形象的运动和曲线处理颇为灵秀细劲，均较为成功。

元代文人用玉制造文具，仿古尊彝玉器继续流行，古玉的搜集、保存、鉴赏在文人中一如既往，风行不止。此时画家朱德润编写的《古玉图》，是我国第一部专门性的古玉图录。

元代传世玉器中最大的一件是"渎山大玉海"。

13世纪，成吉思汗统一蒙古，向黄河流域一路扩张，后来，元世祖忽必烈定国号为元，定都大都，元军在攻占城池的同时，也缴获了大量稀世珍宝，其中有一块重达5吨的特大玉石，色泽青白带黑，质地细腻润滑，是一块天然宝石。

1265年，忽必烈为犒赏三军而将这块南阳独山玉制成了渎山大玉海，于1265年完工。其器体呈椭圆形，是一件巨型贮酒器，忽必烈意在反映元初版图之辽阔，国力之强盛，是我国玉器史上划时代的里程碑式作品。

渎山大玉海又名玉瓮、玉钵，高0.7米，口径135厘米至182厘米，最大周围493厘米，膛深55厘米，重达3500千克，可贮酒30余石。

元代青玉龙纹山子

周身碾琢隐起的海龙、海马、海羊、海猪、海犀、海蛙、海螺、海鱼、海鹿等13种瑞兽，神态生动，气势雄伟，是元代玉器的代表作。

玉海完工后，奉元世祖忽必烈之命，置元大都太液中的琼华岛广寒殿，明末移至紫禁城西华门外真武庙。

至1745年，乾隆皇帝命以千金易得，于4年后迁于北京北海公园团城上的承光殿前，再配以汉白玉雕花石座作衬托，他又命40名翰林学士各赋诗一首，刻于亭柱之上。

元代的传世玉器也不乏秀美者，如青玉螭耳十角杯、青玉火焰珠把杯、白玉龙首带钩环、白玉双螭绦环带扣、青玉天鹅荷塘绦带扣与青玉双螭臂搁、青玉镂空龙穿荔枝墨床等。

元代安徽省安庆市范文虎夫妇墓发现的官府玉青玉虎钮押、玉带板，时作玉垂云玉及仿古玉尊等。

江苏省无锡市钱裕墓发现了元代玉海青攫天鹅环、玉龙荷花带钩和青玉鳜鱼坠等。

宋以后，玉器中大量使用螭纹装饰，但螭的形象已无汉代螭纹的特点，更似爬虫。双螭灵芝图案在元代玉器上较为多见。

■ 元代鹘啄鹅绦环

翰林学士 官名。学士始设于南北朝，唐初常以名儒学士起草诏令而无名号。唐玄宗时，翰林学士成为皇帝心腹，常常能升为宰相。北宋翰林学士承唐制，仍掌制诰。此后地位渐低，然相沿至明清，拜相者一般皆为翰林学士之职。清以翰林掌院学士为翰林院长官，无单称翰林学士官。

如玉双螭纹臂搁，长10厘米，宽3.4厘米，厚1厘米。玉色青白，有赭色斑，片状，长方形，两端呈"S"状，两侧下卷，正面凸雕双螭衔灵芝图案，背面饰云纹。据此品的样式、螭纹及灵芝的特点可确定为元代早期所制造。

元代琢玉擅长透雕技法。传世玉器中，常可见到一种玉熏炉顶，大多定为明代玉器。透雕层次略深的可能是元代或辽金时的玉帽顶，在明清时改制成熏炉盖顶钮用。

如玉镂雕龙穿花佩，最大径9.7厘米，厚0.8厘米，玉料青白色。体作扁平花瓣形，正面多层镂空法，雕一细长的行龙穿梭在花丛之中。龙嘴微张，长须后飘，身体呈弯曲状。器状四角各有一如意形穿孔，以供结扎用。背面平，仅见镂空穿钻痕而不细加饰纹，原似一嵌饰物。

还有翼龙纹双耳玉壶，高15.5厘米，宽12.4厘米，口径5.9厘米，底径5.3厘米，由青玉雕琢而成。玉壶呈椭圆体，直口，壶颈的两侧有云纹半环耳，口颈部浅浮雕莲瓣和草叶纹，腹部浮雕翼龙、海水。

翼龙首上有鹿形角，飘长鬣，张大口，上唇长尖而下卷，身有鳞纹和鸟形翼，舞三爪足，鱼形分支尾，尾后有火珠，龙身下有海水波涛翻卷。

玉匠采用浮雕兼阴线刻技法，把翼龙卷曲飞舞的姿态、海浪翻卷的气势，琢刻得惟妙惟肖。壶身的下部雕饰莲花瓣纹，壶底部琢成椭圆圈足。

此玉壶通体琢制6

元代云龙纹带环

层纹饰，雕缋满眼，纹饰总体布局叠罗渐递，层次分明，和元青花瓷器纹饰的结构排列相似，这是元代造型艺术形式的一大特点。

此器造型端正，纹饰茂美，刀法劲放，典雅高贵，实属元代宫廷享用玉器中的珍品。

有一件元代玉龙首带钩环，通环长10.5厘米，最宽3.8厘米，高2.3厘米，白玉经火后，有黑褐色斑并伴有黄色沁，呈半鸡骨白色。全器分钩和环两部分。其中钩龙首，腹间镂雕莲花纹，钮为荷叶花纹；环口正、反两面均隐起云纹，环首处镂雕着一螭龙。

元代鹘啄鹅带环

此器雕琢的龙纹皆为三束发，长双角，粗眉上卷，宽鼻梁凸起，具有元代的明显时代特点。而且带钩在元代是一种广为流行的器型，但带钩与钩环合为一器是少有的。带钩为实用器，钩与环上饰龙纹，当为元代帝王专用。

还有一件元代玉镂雕戏狮人纹带板，长6.9厘米，宽5厘米，厚1.7厘米，玉料青白色，表面有大片黄褐的玉皮色。器长方形，正面微凸起，另一面内凹。

正面在镂空的锦地上饰松树、柞树、一狮和一人。人身穿窄袖长袍，头戴圆形橄榄式帽，腰系宽带，一手托火珠，一手拉绣球以戏狮。狮子膘肥体壮，张牙舞爪，作欲滚球之状。

元代文武官员，凡二品以上者皆可系玉带，其带板之纹图，文官为禽鸟纹，武官为走兽纹，其中狮纹为一品标记和专用图。

其上耍狮人一般上着窄袖衣，下着短裙，足蹬皮靴。此戏狮带板，即为其中一件富有生活气息且具典型的代表作。

元代仿古玉仍然是当时玉器的主流。元代最明显的仿古玉实物，要算玉瓶与玉尊了，并且仿摹的对象或是周代青铜尊，或是早期陶瓷贯耳瓶，为清玉器大量摹陶瓷器开了先河。

元代也制作了一些仿汉玉，在技法上不注重追模祖型特征，专以伪残和烧茶褐色斑以假充真。

元代仿唐代玉璧一般器形厚重；大璧少些，以小型居多，做系璧，供佩戴用，多数只在一面雕纹饰，排列无规律；动物纹饰带有本朝的特点。元代玉雕刀工粗糙，用刀较深，刀锋常常出廓。

如白玉镂空凤穿花璧，直径9.3厘米，厚0.6厘米，玉为青白色，局部有黄色斑浸，正面镂雕一展翅飞翔的凤，并衬以缠枝牡丹，背面平磨，内外缘各有纹一周，雕琢精美，风格华丽。

阅读链接

元玉继承宋、辽、金玉器形神兼备的造诣而略有小变，其做工渐趋粗犷，不拘小节，继续碾制春水玉和秋山玉以及从南宋继承下来的汉族传统玉器。

如元代的玉童子，面部先做减地处理示意表现脸盘，五官紧凑连成一片。用阴线纹刻画眼眶，鼻短鼻头大有棱角。

有的戴宽沿尖顶帽，着长袍束腰，下摆肥大如裙，脚着长筒靴，手持绣球飘带。

追求装饰美的明代玉器

明代玉器的发展变化也是与社会的变化相关联的,从总体上看,明代玉器渐趋脱离五代两宋玉器形神兼备的艺术传统,形成了追求精雕细琢装饰美的艺术风格。

明代的皇家用玉都由御用监监制,而民间观玉、赏玉之风盛行,在经济、文化发达的大城市中都开有玉肆,最著名的碾玉中心是苏州。

同时,还大量制造了古色古香的伪赝古玉器,甚至连清朝的乾隆皇帝也曾经被明代仿古玉欺骗。

明代玉器从器形上看,主要有玉礼器、文房用品和日用器皿等。

明代青白玉镇纸

玉礼器主要有玉璧、玉圭；装饰用玉有玉带板、带钩、带扣、玉簪、鸡心佩、花片、方形玉牌等；文房用品有玉笔、笔架、玉砚、玉洗等；日用器皿有玉盒、玉杯、玉壶、金托玉执壶等。

明代宫廷用玉，多与金银宝石镶嵌工艺结合。这类器物金玉珠宝融为一体，有在玉饰件上镶嵌红宝石、蓝宝石的；有金镶玉的带板；有金饰件上镶嵌红宝石、蓝宝石的；无不雍容华贵，珠光宝气，彰显了明代皇室贵族气派。

明初玉器传世和发现的均有佳作，风格继承元代，做工严谨而精美。比如青玉绞活环手镯，青玉略带浅灰色，透亮光滑，经过高超工艺的打磨，玲珑剔透，玻璃感极强。因为它是同一块整玉雕琢而成，不是高手很难成功。

有只玉镯由3根玉绳扭作麻花状，彼此相连相依，但又各自独立，丝丝入扣，活动自如。戴在手腕上，只要手稍稍一动就会发出叮咚清脆的碰撞声，似乎在警醒佩玉者，行为举止切勿过度张狂。

江苏省南京明汪兴祖墓发现有玉带饰14块，碾琢隐起行龙，出没于祥云之中，碾工玲珑剔透，有鬼斧神工之妙。但云龙的形象与布局均接近元代，玉带板数量不符合明制。

另外山东省邹县朱檀墓发现了冕饰、玉

明代玉杯

明代兽形玉水注

带、玉佩、玉圭、玉砚、玉笔架、玉杯等玉器，表现了明宗室亲王生前和随葬用玉的状况。

这类玉器所采用的玉材光泽较强，碾工遒劲，磨工精润，不重细部，明显保存着元代玉器的遗风。但是严格地说，早明的玉器并没有自己的风格，许多精美玉器多带有明显的元代遗风。

如明初白玉龙凤纹带銙，长9.3厘米，宽7.9厘米，厚2.5厘米。羊脂白玉，温润晶莹，光泽凝脂状。海棠式边框，内以剔地起突雕高浮雕飞龙舞凤。

龙首上仰，鹿角，细颈，毛发呈两股状上翘前冲，身带火焰状装饰，爪部遒劲有力；凤下翔，尾羽用砣钻孔碾琢。龙凤间有火珠一颗，四周满铺穿插交错的荔枝果叶纹，是龙凤呈祥一类的主题，民间好之。此器场面热闹，工玉俱佳，是明初銙中精品。

明朝中期的玉器趋向简略，承袭元末明初文人文化的兴盛，出现了具有文人色彩的玉器，如青玉松荫策杖斗杯等。明中期玉器的加工与集散多集中于东南地域如南京、上海、江西等地。

其中，上海市陆深墓发现的白玉铁拐李、白玉蝶、玉鸡心佩、白

陆子刚 生卒年不详，我国明代玉器工匠，江苏太仓人，擅玉器雕刻，长于立雕、镂雕、阴刻、剔地阳纹、镶嵌宝石及磨琢铭文印款等技艺。所雕玉器大都为日用器皿，如壶、水注、香炉之类，能雕琢出人物、花卉、鸟兽及几何图案等，并在隐僻处雕出"子刚""子冈""子刚制"等款文，对后世玉器雕琢有很大影响。

玉带钩、镂空寿字玉、玉戒指、玉道冠、玉簪等玉件小巧玲珑，代表了这一时期的玉器开始显现出明代社会的特点，玉器的制作加工也可真正代表明代社会的特征。

晚明前期东南一带社会稳定，城市经济繁荣，民间富裕，因此玉器产量有所增加。当时苏州制玉业代表着全国玉器工艺的发展趋势，著名玉工陆子刚就出自苏州专诸巷。

此期代表性的玉器有明十三陵定陵发现的玉带钩、玉碗、玉盂、玉壶、玉爵、玉圭、玉佩、玉带等，包括死者生前御用玉器和死后的随葬用玉。其中，玉壶、玉爵等使用錾金或珠宝镶嵌工艺，更是绚丽多彩。

由于明中晚期城市经济繁荣，手工业发达，海外贸易频繁，整个工艺美术为商品生产和外销所支配，

■ 明朝玉带

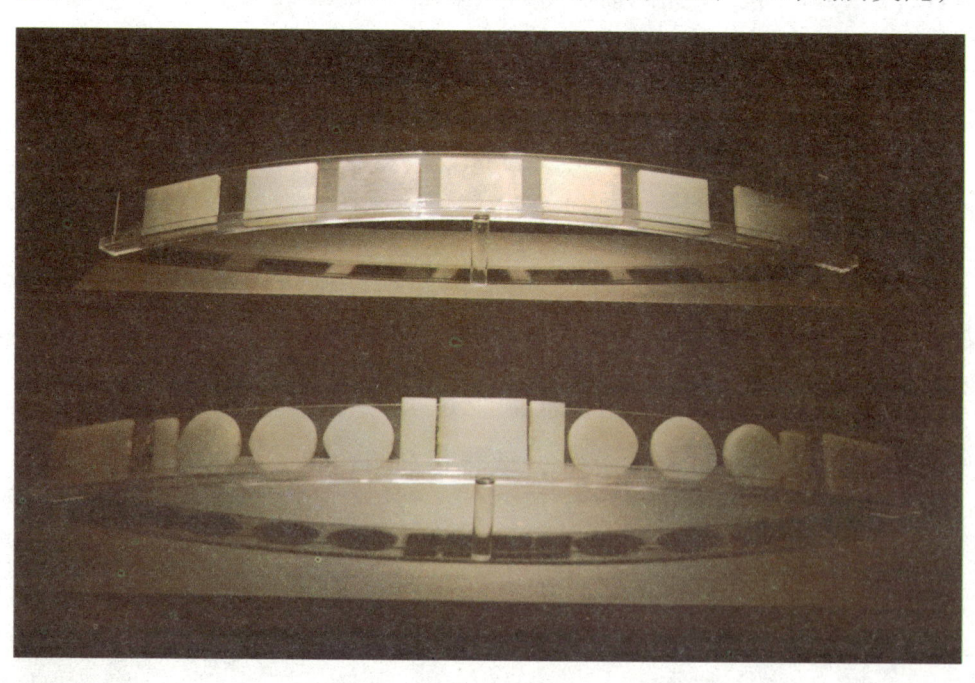

随之，玉器工艺也出现了商品化的趋势。

在图案方面，与晚明社会风气相符，福瑞吉祥的谐音题材甚为风行，这种"图必有意，意必吉祥"的图案，首先是为了祈福，其次才顾及美。

晚期名工陆子刚所琢玉器反映了此时期作玉、仿古玉及文人用玉的交错发展的形势。玉文化中的城市庶民、文人的成分与影响正在加大，这是城市商品经济繁荣、玉器生产商品化的结果，也是我国玉文化的新变化。

■ 明代玉鸳鸯饰品

从流传下来的明代玉璧看，数量比前三代均多，玉质多选用青玉、白玉制作，加工不精。

主要有两种形式：一种是一面玉璧浅浮雕螭虎纹，一面雕仿战国时代的谷纹、云纹或是卧蚕纹；另一种是根据古文献记载中的玉璧式样加以仿制，璧的两面均饰有仿战国、汉代的谷纹、云纹或卧蚕纹，然后在璧体的边沿外增加其他装饰。

同时，明代开始出现八卦纹饰的玉璧，如白玉大雁纹系璧，直径5.5厘米，玉质洁白莹润，浅浮雕兼镂雕大雁，身态呈翔浮状，清丽优美，中心透空可用作穿系。

明十三陵 我国明朝皇帝的墓葬群，坐落在北京昌平区境内的燕山山麓的天寿山南麓。十三陵从选址到规划设计，都十分注重陵寝建筑与大自然山川、水流和植被的和谐统一，并且追求形同"天造地设"的完美境界，主要用以体现"天人合一"的哲学思想。

明代玉器多谷钉纹，多以管钻套打，谷钉较大横竖成行，周边有明显的套打痕迹。动物造型的耳内多用锥钻打凹，少见直筒，旋纹细而不均。

明代玉器阴线宽深粗放，边棱锋利，槽地砣痕明显，其过线、歧出现象比比皆是。而且底子处理不清，不平整，俗称"麻底"。

从总体上看，明代装饰用线以宽而深的阴线为主，截面呈"V"字形，抛物线状，首尾均出峰。

明代还通过海上贸易，得到了大量珍稀宝石，扩大了宝玉石制作的用料范围。

明代典型玉器，如江西省南城益宣王朱翊鈏墓发现的玉鸳鸯，高4.2厘米，长5.3厘米，宽3.3厘米。白色兼紫褐色。鸳鸯昂首，缩颈，羽冠较长，圆圈眼，羽翅上翘，口衔莲枝，卧于莲花、莲蓬及莲叶中，姿态生动。底部呈椭圆形，凿有斜孔，以备攒缀之用。鸳鸯呈紫褐色，莲花呈白色，色彩搭配适宜。镂雕圆润，玲珑可爱。

阅读链接

考古和文献资料显示，明代玉器生产和使用的规模都胜过宋元。玉器收藏更是空前兴盛，在北京明万历皇帝的定陵中出土了大批玉器，除了冠服用的玉带、玉带钩、玉佩、玉圭，还有壶、爵、盂、碗等玉器皿之外，还有耳环等玉首饰。

在山东、江西等地发现的50座明代藩王墓葬，共出土玉器2000余件。《天水冰山录》中记载查抄明朝权相严嵩财物，其中有857件装饰、陈设、实用玉器和202条玉带的名称。

明人宋应星《天工开物》、曹昭《格古要论》、高濂《燕闲清赏笺》、文震亨《长物志》、张应文《清秘藏》、陈继儒《妮古录》等著作都有论及玉器的使用和收藏等方面的情况。

集历代之大成的清代玉器

玉器在清代得到了空前发展,形成了我国古代玉器史上的又一个高峰。清康熙时吴三桂追击南明永历帝入交趾,开通了缅甸翡翠进入中原的路线。乾隆时期在西域用兵,又打通了和田玉内运的通路,使和田玉大量运进内地,促进了玉器工艺迅速发展。

乾隆、嘉庆年间是清玉的昌盛期。这时宫廷玉器充斥各个殿堂,

■ 清代莲藕形笔架

■ 清代花卉纹香熏 用料硕大，盖顶圆形宝珠钮较高，盖面隆起，镂刻缠枝花卉纹，花叶舒展卷曲，纹饰繁缛满密，富有浓郁的宫廷气息。两侧各有一耳，耳上有环，圆形镂刻底座。全器浑厚端庄，选料精良，琢磨精致，堪称清代玉雕佳作。香熏既可实用，又是珍贵的陈设之物。

各主要大城市玉肆十分兴旺。民间观玉赏玉之风兴盛，玉器的用途更加广泛，品类齐全。

清代玉器的品种和数量很多，以陈设品和佩饰最多，也最为精美。新增的品种有山水、玉山子、浮雕图画式的玉屏风等；玉佩饰的种类更是非常丰富。

清代宫廷用玉直接受内廷院画艺术的支配和影响，其做工严谨。有的碾琢细致，有的在抛光上不惜工本以显示其温润晶莹之玉质美。

翡翠自清代传入我国后便一统玉器天下，并被称之为"帝王玉"，其地位凌驾于各种宝玉之上。翠玉材质与白菜造型开始风行于清代，在1775年的一首名为《题和阗玉镂霜松花插》的御制诗中，从以包心叶菜为造型的花插，联想到以杜甫诗中园吏不识嘉蔬之隐喻为艺谏的传统，诗道：

和阗产玉来既伙，吴匠相材制器妥。
仿古熟乃出新奇，风气增华若何可。
菜叶离披菜根卷，心其中空口其侈。
插花雅合是菜花，绯桃雪梨羞婀娜。
民无此色庶云佳，艺谏或斯默喻我。

宫廷作坊中的工匠，或是制作翠玉白菜的玉匠，发挥创意、巧艺，为顺应皇帝的喜好而创作了传世不朽的翠玉白菜。

翠玉白菜长18.7厘米，宽9.1厘米，高5.07厘米，是一块难得的翡翠美玉。这棵翠玉白菜的特别之处在于，它是由整块半白半绿的翠玉、运用玉料自然的色泽巧妙雕刻而成。绿处雕琢菜叶，白处雕琢菜帮。

在绿色最浓之处，还有两只昆虫，是寓意多子多孙的螽斯和蝗虫。菜叶自然翻卷，筋脉分明。螽斯俗名"纺织娘"或"蝈蝈儿"，这种昆虫善于鸣叫，繁殖力很强，也是祝福他人多子多孙的意思。

白菜寓意清清白白；谐音"百财"；象征新娘的纯洁，昆虫则象征多产，祈愿新妇能子孙众多。自然色泽、人为形制、象征意念，三者搭配和谐，遂成就出一件不可多得的传世珍品。

清代重白玉，尤尚羊脂白玉，黄玉极少，民间用玉以两江产量最多也最精。

清代玉器善于借鉴绘画、雕刻、工艺美术的成就，集阴线、阳线、镂空、俏色等多种传统做工及历代的艺

> 杜甫（712年~770年），字子美，自号少陵野老，世称"杜工部""杜老""杜少陵"等。盛唐时期伟大的现实主义诗人。他忧国忧民，人格高尚，他的约1400余首诗被保留了下来，诗艺精湛，在我国古典诗歌中的影响非常深远，备受推崇。被世人尊为"诗圣"，其诗被称为"诗史"，并与李白合称"李杜"。

■ 清代玉器

清代玉雕

术风格之大成,创造与发展了工艺性、装饰性极强的玉器工艺,有着鲜明的时代特点和较高的艺术造诣。

清代玉产地主要有宫廷、苏州、扬州,呈三足鼎立之势,各具特色。造办处玉作,体现皇帝旨意;苏州玉器,以精巧见长,赫赫有名的陆子刚、郭志通,均出身于清朝最负盛名的碾玉中心苏州专诸巷玉工世家。

苏州玉器精致秀媚,内廷玉匠也多来自该地,专诸巷玉器娇嫩细腻,平面镂刻是专诸玉作的一大特色,而其薄胎玉器,技艺更胜一筹。

苏州玉雕以小巧玲珑见长,扬州则以大取胜,玉如意、玉山子是扬州玉雕业的著名产品。扬州玉山子特色明显,玉匠善把绘画技法与玉雕技法融会贯通,注意形象的准确刻画和内容情节的描述,讲究构图透视效果。

扬州玉作发展很快,大有后来居上之势,其玉作豪放劲健,特别善于碾琢几千斤甚至上万斤重的特大件玉器,大禹治水图玉山即其代表作。

大禹治水图玉山是清朝乾隆时期的一件重要的玉器,是我国玉器宝库中用料最宏,运路最长,花时最久,费用最昂，雕琢最精，器形最巨，气魄最大的玉雕工艺品，也是世界上最大的玉雕作品。

清朝乾隆年间，新疆和田地区的密勒塔山中发现了一块重达6吨多的特大玉石。这块大玉石色泽青绿，光洁滋润，柔和如脂，是一块天赐的奇石。

消息很快传到了京城，乾隆皇帝闻听之后大喜，决定将这块稀世宝玉雕琢成奇绝之珍。

乾隆喜爱书法绘画。他对宋人所画的《大禹治水图》更是爱不释手，但由于年代久远，这幅画已经破损褪色了，而年过六旬的乾隆，产生了把自己比作大禹的想法，于是下旨把这块特大玉石雕刻成大禹治水图，一方面为了歌颂大禹治水的丰功伟绩，另一方面显示自己效法先王，功绩卓著，以求千古留名。

大禹治水图玉山工程浩大，费时费工。玉样从新疆运到北京历时3年多，在宫内先按玉山的前后左右位置，画了4张图样，随后又制成蜡样，送乾隆阅示批准，随即发送扬州，因担心扬州天热，恐日久蜡样熔化，又照蜡样刻成木样，由苏扬匠师历6年琢成。

大禹治水图玉山高224厘米，宽96厘米，底座高60厘米，重达5350千克，是世界上最大的玉雕作品。玉山置于嵌金丝的褐色铜座上，

> **造办处** 早期的宫廷规模不大，没有也不可能设置专门的造办机构，皇室用度以各地进贡为主，日常用品多为宫廷采办，重要的礼仪用度，往往指派专门的大臣督办。随着国家及皇室规模的不断扩大，皇家用度需求也成几何级数倍增，逐渐催生了皇家用度由"采办"向"造办"的过渡。

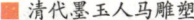
■ 清代墨玉人马雕塑

■ 清代翡翠笔洗

以名贵青白二色和田玉精心雕造而成。青白玉的晶莹光泽与雕琢古朴的青褐色铜座相搭配，更显得雍容华贵，相映生辉。

整块玉石被通体雕刻成山峰状，好像是矗立在黄河中的一座大山。玉山上雕刻有山峰、小溪、瀑布以及人物等多种题材，匠师以写实的剔地起凸工艺技法，将这些题材与材料的原有形状巧妙地结合起来。

只见大山间重峦叠嶂，峭壁峥嵘，漫山遍野密布着苍松翠柏，在悬崖峭壁间，聚集着成群结队的治水大军，他们或是开山凿石，或是抬土运石。

清代玉器中有很多大型的观赏性"玉山"，以山水画为蓝本，就地取材，加以设计制作。其做工严谨，一丝不苟。如桐荫仕女图玉山，作者利用玉的白色和红色，巧妙地琢制成茂密的树木、假山和石桌石凳，很有江南庭院的诗意。

在圆明园也发现有玉山子，宽31厘米，高26厘米，青玉质，青绿色间夹有黄色皮绺。以浮雕、透雕

雷公 又称雷神或雷师。古代神话传说中的司雷之神，道教奉之为施行雷法的役使神。传说雷公和电母是一对夫妻。雷公壮若力士，袒胸露腹，背插双翅，额生三目，脸赤色猴状，足如鹰鹯，左手执楔，右手持锥，呈欲击状，神旁悬挂数鼓，足下亦盘蹲有鼓。击鼓即为轰雷。能辨人间善恶，代天执法，击杀有罪之人，主持正义。

双勾技法琢刻出穿行于陡峭山崖间的仙翁，手持藤杖，宽衣大袖，长须齐胸，神采飘逸，一童子手攀枝条在前引路，一童子身背小筐，紧随仙人，整器系子玉整雕，将我国传统绘画中的远山近景技法巧妙地融合在玉雕创作中。

乾隆时所称的痕都斯坦玉器是具有阿拉伯风格的莫卧儿王朝玉器，乾隆中晚期时已大量进入内廷，得到乾隆的喜爱，其风格波及北京、苏州、扬州等玉肆。

新疆维吾尔族玉器有着鲜明的地方特色，与宫廷玉器和痕都斯坦玉器不同，虽属阿拉伯风格，但器形、纹饰均较单纯，光素器较多，不重磨工。

清代玉器无论在品种数量和制造工艺上都形成了玉器史上的一个发展高峰期，并形成了不同风格和技术特色的"南玉""北玉"制玉中心。

清代玉器品种和数量繁多，以陈设品和玉佩饰最为发达。陈设品有按青铜器为祖型的仿古形式器皿及各种仁兽、瑞禽的造型。

玉佩品种更为丰富，成为各阶层民俗事项和服饰广泛佩戴使用的装饰品和吉祥物。此外兼有实用功能的各种玉器皿、文房用品数量和品种也较历代多有增加。

清代芙蓉石九龙印

清代白玉仙人出行山子

清代玉器在制作上以乾隆时代为分界线，前期治玉重视选料，由于开采条件改善，采集到的优质白玉、羊脂玉数量之多，超过历史上任何时期。材质的精美，为这一时期能产生许多珍宝性艺术品，提供了物质基础。在工艺方面，琢工精巧，光工细腻。

乾隆时代的玉器皿的轮廓线都极规则，横平竖直外缘及子口转折严整挺拔。棱角多呈劲挺锋锐状。起凸的浮雕图案边缘，也处理成锋利边线，观之剔透。在抛光工艺上也很讲究，一般细光处看不见琢镞的痕迹，细光能达到玻璃光亮度。

明末清初，鼻烟传入我国，鼻烟盒渐渐东方化，产生了鼻烟壶，因此清代有大量的玉制鼻烟壶佳作，比如白玉梨形鼻烟壶、白玉茄形鼻烟壶、白玉铺首纹鼻烟壶、白玉扁圆形鼻烟壶、白玉饕餮纹鼻烟壶、白玉双龙铭文鼻烟壶等。

阅读链接

清朝中期以后，玉器生产渐入衰落，不但规模缩小，工艺制作上取巧偷工造成规格越发粗糙。如所琢树木花草枝梗，不再精到地琢出圆润的、符合生态的形象，仅以两面削琢的角形凸起代替。花卉图案也不再细致地琢出枝叶穿插、花叶翻卷的形态，太多取平面的浅浮雕处理。

尤其是器皿轮廓线大多拖泥带水，转折含混。许多该做圆雕处理的玉陈设品、玉人、玉山，甚至小件玉佩、玉附的背面，也采取用工极少的粗处理方式。